opus magnum – edition amici

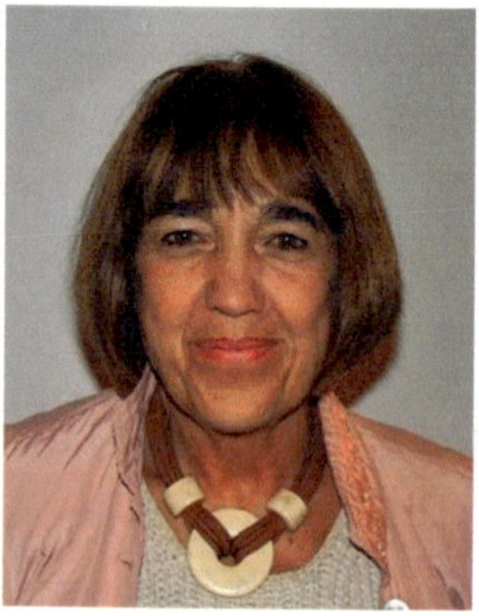

Marion Röttgen lebt mit ihrer Familie in Stuttgart. Sie hat in Literaturwissenschaft promoviert, Logopädie und Sprecherziehung studiert und lehrt als Professorin an der IB-Hochschule.

Marion Röttgen

Kindheiten

Kurzgeschichten

Edition Amici

FSC
www.fsc.org
MIX
Papier aus verantwortungsvollen Quellen
Paper from responsible sources
FSC® C105338

Bibliografische Information der Deutschen Nationalbibliothek
Die Deutsche Nationalbibliothek verzeichnet diese Publikation in der Deutschen Nationalbibliografie; detaillierte bibliografische Daten sind im Internet über http://dnb.d-nb.de abrufbar.

Version 1.03
Umschlaggestaltung, Grafik und Layout: Marion Röttgen
Herstellung: BOD - Books on Demand GmbH., Norderstedt

ISBN 13: 978-3-939322-90-0

Inhalt

Schimmagolä Schmiselebö

Klein-Erna hatte es nicht leicht. Erna Helene Henriette hieß sie nach ihren verstorbenen Tanten, den Schwestern der Mutter, die alle an Tuberkulose gestorben waren. Dass ausgerechnet Erna zum Rufnamen gewählt wurde, obwohl Klein-Erna die proletarische Witzfigur Hamburgs ist, war dem starrköpfigen Vater zu verdanken. Gustav Marten war als Elsässer mit einer bretonischen Mutter französischsprachig groß geworden und fand Gefallen an dem herben Klang des Namens, der ihm – anders als die anderen beiden – in reizvoller Weise deutsch vorkam. Sonst gab es wenig, was ihm an Deutschland gefiel, und genau betrachtet verwundert es nicht, dass die Ehe mit der jungen Hamburgerin Minna von Beginn an unglücklich für beide Seiten war. Geheiratet hatten sie aus wechselseitigem Irrtum.

Minna war von südländischer Schönheit und ähnelte ganz ihrer italienischen Großmutter aus dem Tessin. Die scharf gezeichneten, langgezogenen schwarzen Brauen über den tief braunen Augen im Kontrast zu den dunkelblonden Haaren hätten eine leidenschaftliche Mentalität vermuten lassen, wäre nicht der melancholische Zug um den Mund gewesen und hätte nicht die bräunlich blasse Haut ihr, auch als sie noch gesund war, ein kränkliches Aussehen verliehen.

Ihrem Wesen nach war sie ganz Hamburgerin. Hanseatisch zurückhaltend, höhere Tochter aus gutem Hause, mit einer Neigung zum Phlegma, hatte sie eine protestantisch prüde Erziehung verinnerlicht. Das feurige Dunkel der Augen täuschte, und ihr Klavierspiel war die Gewohnheit eines wohlerzogenen Mädchens. Als der junge Elsässer Offizier ihr in mediterraner Leidenschaft während der Verlobungszeit zu Füßen saß und zu seiner Gitarre mit lässiger Begabung französische Liebeslieder sang, meinten beide, sich ineinander zu spiegeln.

Welche Tragik, als der reife, sinnliche Mann eine erschrockene Braut in den Armen hielt, die starr vor Ekel seiner Leidenschaft mit Entsetzen und Flucht begegnete. Minna hatte sich die Ehe vorgestellt, wie sie das großbürgerliche Familienleben ihrer Eltern erlebte, die einander stets mit distanzierter Zuneigung und wechselseitigem Respekt begegnet waren. Welcher Kummer, als das liebe, brave Mädchen begriff, dass ihre Tugenden verspottet wurden, ihre Kochkunst nicht dem französischen Geschmack entsprach, ihre Lieder als banal, ihre Bildung als medioker empfunden wurden. Eifersucht war der einzige Beweis einer restlichen Leidenschaft, die sich in Gustav aus Enttäuschung in Jähzorn und Tyrannei verwandelte. Zumindest die Schönheit der jungen Frau wollte Gustav für sich besitzen.

So kam es, dass er sie und sich selbst einschloss in der Hamburger Bürgervilla, alle einstigen Vergnügungen und Geselligkeiten einstellend. Acht Jahre nach dem erstgeborenen Sohn Hugo entsprang aus einer der wenigen ehelichen Begegnungen noch eine kleine Tochter. In Erna fand die seelisch verkümmernde Mutter endlich eine Gefährtin, die heranwachsend das Leid der Mutter ahnte und durch ihr ungemein fröhliches Naturell einen Lichtschimmer in die Trübsal des dunklen Hauses brachte.

Aus einer Mischung von Tradition, Geiz, Starrsinn und bewusstem Widerspruch zu den Wünschen seiner Frau hatte Gustav das Haus so bauen lassen, dass alle repräsentativen Räume zur dunklen Nordseite auf die Straße gingen. Die Sehnsucht nach Sonne war vielleicht das einzige in Minnas Wesen Verbliebene, das an ihre südliche Herkunft erinnerte. Aber auch der Garten war nach Süden nicht gestaltet worden, sodass die sonnige Küche zum liebsten Aufenthalt von Mutter und Tochter wurde.

Das kleine Mädchen ging noch nicht zur Schule, sprach aber gut französisch, weil der herrische Vater unerbittlich darauf bestand, dass bei Tisch nur seine Muttersprache gesprochen wurde. Minna, die noch gewohnt gewesen war, am Tisch ihrer Eltern aus Gründen des Respekts im Stehen zu essen, akzeptierte den Wunsch ihres Gatten aus Überzeugung. Nicht nur, weil auch sie meinte, die Kinder schuldeten ihrem Vater Gehorsam, sondern weil sie den Nutzen der Zweisprachigkeit erkannte und selber bedauerte, dass sie die Sprache ihrer Tessiner Großmutter kaum verstanden hatte.

Ihrer kleinen Tochter erzählte sie oft von den Ferien, die sie an einem See inmitten hoher Berge bei ihr verbracht hatte, von der alle sagten, sie sei ihr so ähnlich. Die italienische Großmutter war jung Witwe geworden und hatte sich von der Schweizer Familie in das Tessiner Bergdorf zurückgezogen, in dem sie groß geworden war. Die deutsche Sprache und die deutsche Familie waren ihr fremd geworden bis auf Minna, ihr Enkelkind, das man ihr aus dem fernen Hamburg in den Sommerferien zur Erholung schickte. Die Sorge, dass auch dieses Kind an Tuberkulose sterben könnte wie seine fünf Geschwister, hatte die Hamburger Familie ermutigt, jedes Jahr die Kosten der weiten Reise auf sich zu nehmen. Die Schweizer Butter und die fette Bergmilch, so hoffte man, würde das Kind vor einer Infektion schützen.

Erna hörte der Mutter gerne zu, wenn sie vom Gebirge erzählte. Berge schienen ihr etwas Wundervolles zu sein. In Hamburg gab es nur den Süllberg, sonst war das Land, wie Erna es kannte, flach. ‚Platt wie ein Pfannkuchen', sagte ihre Mutter immer. Ihr Leben lang währte die durch die Erzählungen der Mutter geweckte Sehnsucht nach den Bergen, sodass sie schließlich als alte Frau Hamburg verlassen sollte, um in den Alpen ihren Lebensabend zu verbringen.

Mittags saß das Kind gern neben seiner Mutter auf einem hohen Kinderstühlchen am Küchentisch und hörte ihren Erzählungen zu, während das Hausmädchen Trine Petersilie hackte oder Zwiebeln schnitt und der Mutter half, das Mittagessen zuzubereiten. Es war friedlich in der Küche. Trine sprach nicht viel, sie war still und schüchtern. Ihre Krankheit hatte dazu geführt, dass sie oft die Stelle hatte wechseln müssen. Gustav Marten hatte sie für einen geringen Lohn von einem Kollegen übernommen, dem das Anfallsleiden des Mädchens lästig geworden war. In der geschäftig friedfertigen Stimmung vergaß Erna jeden Tag aufs Neue, wie das stille Glück am Mittag enden sollte.

Schon von Weitem hörte man dann plötzlich den Bruder Hugo. Kaum ein Tag, an dem er sich in der gleichen Weise ankündigte. Ein Kobold vom ersten Tag seiner Geburt an, mangelte es ihm nie an neuen Einfällen. So konnte es sein, dass er laut johlend den Gartenweg zum Kücheneingang stürmte, oder er sang plattdeutsche Fischerlieder. Zuweilen schmetterte der musikalische Knabe eine Arie Verdis, oder er machte mit dem ihm eigenen Imitationstalent Tierlaute oder Geräusche der Straße nach.

Wenn Hugo seine Begrüßung auch vielfältig variierte, seinen Auftritt in der Küche gestaltete er stets ähnlich, und sein Abgang war zu Ernas Wut stets der gleiche. Doch zunächst war Hugo einmal da und sorgte dafür, dass auch jedermann Notiz davon nahm. Mit lautem Gejohle warf er seinen Ranzen auf die Küchenbank und berichtete mit Stolz, er sei wieder einmal der Beste gewesen. Über die Einzelheiten ließ er sich aus guten Gründen nie genau aus. Hugo war trotz seiner vielfältigen Begabungen alles andere als ein guter Schüler. Vorwitzig und mit natürlichem Selbstbewusstsein widersetzte er sich allen Versuchen, ihn zu Gehorsam zu zwingen, wenn er von der Richtigkeit der Forderungen nicht überzeugt war. Kluge Lehrer schätzten den phantasievollen Burschen, schwache Lehrer versuchten vergeblich, Hugos Unbeugsamkeit durch Ohrfeigen oder Stockschläge auf die Hände zu brechen. Der Knabe ertrug alle Misshandlungen mit Stolz und einem unbesiegbaren Humor, der ihm ermöglichte, seinen angeborenen Gerechtigkeitssinn auch später das Dritte Reich hindurch ohne Kompromisse zu bewahren.

Die schlechten Noten bemäntelte Hugo mit komischen Geschichten, die selbst den strengen Vater zum Lachen brachten. In der Küche fand jeden Mittag eine Art Kabarett statt, bei dem das ganze Lehrerkollegium Revue passierte. Dazu stellte sich Hugo auf einen Stuhl und benutzte alles, was er an Küchengeräten greifen konnte.

Auf dem Höhepunkt seiner theatralischen Darbietung angekommen, sprang er vom Stuhl herunter, zog Trine die Schürzenbänder auf, gab seiner Mutter einen stürmischen Kuss und zog die kleine Schwester an ihren dünnen Zöpfen.

Seinen Ranzen greifend, rannte er aus der Küche, doch im letzten Moment, bevor er die Tür hinter sich zuschlug, rief er mit leiser Stimme zu seiner kleinen Schwester gewandt: ‚Schimmagolä Schmiselebö'.

Was heißt das? schrie diese sofort zurück, doch die Tür war schon hinter Hugo zugeschlagen. Was heißt das, Mama, ich will wissen, was das heißt!, schrie Erna aufgebracht. Jeden Mittag dasselbe Ritual. Du weißt doch, es heißt gar nichts. Hugo will dich nur ärgern. Und das gelang. Die Tür ging einen Spalt auf, herein schaute das freche Bubengesicht, und Hugo rief dieses Mal laut und triumphierend: ‚Schimmagolä Schmiselebö'. Das kleine Mädchen bekam einen roten Kopf vor Wut, es strampelte auf seinem Stuhl, versuchte herauszuklettern, verhakelte sich aber in seinem ungestümen Zorn und klemmte sich auch noch die Finger. Vergeblich versuchten die Frauen, Erna zu beruhigen. Sie glaubte ihnen nicht. Er sagt etwas ganz Gemeines. Ich weiß das genau. Das ist Französisch. Als sich zum dritten Mal die Tür öffnete und dieses Mal ganz leise und tückisch wieder das ‚Schimmagolä Schmiselebö' ertönte, wurde die Mutter zornig, warf hinter Hugo die Tür zu. Hör auf jetzt! Ein paar Minuten vergingen, die jedoch nicht genügten, das aufgeregte Schluchzen des Mädchens zu besänftigen, bis Hugo, der ums Haus gelaufen war, von der anderen Seite durch die Glastür der Küche schaute, das Gesicht gegen die Scheibe presste und seine Lippen zu einem runden Kussmund formte: Schsch... Man hörte nichts, aber Klein-Erna verstand sehr wohl. Sie schrie und tobte und schlug mit den Fäusten auf das Tischbrettchen ihres Kinderstuhls. Was heißt Schimmagolä Schmiselebö? Das ist was ganz Gemeines. Ich will wissen, was das heißt! Hugo grinste, verschwand im Haus und ließ Erna in Ruhe... bis zum nächsten Mittag.

Eine Hupe im Jahre 1902

Ulrich hatte in dem Trödelladen eines Hamburger Elbvororts eine kleine Hupe gefunden. Der Ball war aus rotem Gummi, das Horn aus glänzendem Messing. Eine schöne Hupe. Ulrich hatte Sinn für Unsinn. Das Schönste an der Hupe war, dass sie laut trötete und sich genauso anhörte wie eine Autohupe.

Ulrich ging in die sechste Klasse des Gymnasiums für Jungen. Der Klassenraum war im ersten Stock und hatte, wie damals alle Schulen, Holzbänke, in die man wie in Straßenbahnsitze einsteigen musste. Auf den schrägen Pulten hatten ganze Generationen von Schülern ihre Initialen eingeritzt.

Ulrich bohrte ganz versunken mit einer Stricknadel seiner Mutter auf dem Pult eine tiefe herzförmige Rille, als Oberstudienrat Dr. Schubert die geistige Abwesenheit seines Schülers bemerkte und ihn mit strenger Miene an die Tafel zitierte. Den Schachtelhalm sollte Ulrich an die Tafel malen. Mein Gott, den Schachtelhalm. Nichts interessierte Ulrich weniger als der Schachtelhalm. Das Ergebnis an der Tafel löste eine Lachsalve bei den Mitschülern aus, ironische Verachtung bei Dr. Schubert und Wut bei Ulrich. Sechs, setzen, sagte Lehrer Schubert.

Ulrich trabte erbittert in seine letzte Reihe und kochte wegen der Erniedrigung. Da kam ihm die rettende Idee. Die Hupe! Ulrich nahm das kleine Wunderwerk aus seinem Ranzen und drückte. Pföh, pföh, tönte es. Die Schüler sprangen auf, stürzten an die Fenster: Herr Lehrer, ein Auto. Herr Lehrer, ein

Auto. Gab es doch hier gerade einmal zwei Automobile, den Maibach von Reeder Jens Jensen und den Mercedes von Bürgermeister Hans Brüggemann.

Auch Dr. Schubert eilte neugierig an das Fenster, versuchte über die Schülerwand hinweg zu sehen. Vergeblich, schon um die Ecke, schade. Es dauerte, bis die Schüler gackernd, kichernd und von Autos schwärmend wieder ihre Plätze eingenommen hatten. Gerade hatte Lehrer Schubert wieder begonnen, die interessante Struktur des Schachtelhalms zu erläutern, als es schon wieder trötete: pföh, pföh.

Dieses Mal stürzte die Klasse geschlossen an die Fenster und johlte. Herr Lehrer, ein Auto, ein Auto. Wunderbar. Die Rache schien gelungen, der Biologie-Unterricht wurde unmöglich, der Schachtelhalm angesichts der Bedeutung von Autos als absolute Nebensächlichkeit des Weltgeschehens ins Abseits verbannt.

Hätte Ulrich sich nur zufrieden gegeben, aber nein. Ein drittes Mal hupte er, begeistert von seinem Erfolg, doch Lehrer Schubert, nicht vollends dumm, durchschaute die Ursache des für Blankenese im Jahr 1902 ungewöhnlichen Autolärms als Täuschung, ging schnurstracks zur letzten Reihe und sah das Corpus delicti gerade in Ulrichs Schultasche verschwinden.

Zornig zerrte er Ulrich am Ohr in die Höhe, knallte ihm eine Ohrfeige auf die linke Backe und schrie dazu: Du dommer Junge. Dabei sprach er vor Wut das u ganz hamburgisch und unfein wie ein langes o. Dann griff er die schöne Hupe, eilte zum Pult, nahm Zeigestock und Klassenbuch, verließ die Klasse und schlug die Tür hinter sich zu.

Der Puppenkopf

Es war natürlich gut gemeint, als man Tika versteckte, um den alten Holzkopf der Puppe durch einen neuen aus Porzellan zu ersetzen. Schließlich war der Krieg vorüber und die ersten schwierigen Nachkriegsjahre auch. Die alte Puppe war in der Zeit der Not selbst gemacht worden. Das kleine Mädchen war auf der Flucht bei Kriegsende geboren. Es gab ja nichts, sagte die Mutter immer. Ganz so schlimm war es nicht. Der Familie ging es besser als den meisten, der Vater arbeitete in einem holländischen Margarine-Konzern und kam ohne Schwierigkeiten an Lebensmittel, von denen andere nur träumten.

Nun gut, Spielsachen hatte man nicht. Zwar hatte eine alte Puppe den Fluchtweg mitgemacht und heil überstanden. Aber das Urselchen war eine kostbare Kindheitserinnerung der Mutter, eine Porzellan-Baby-Puppe, die noch aus dem vorigen Jahrhundert von der Großmutter stammte. Zum Spielen für ein Kleinkind war sie wirklich zu schade. Das Urselchen hatte Schlafaugen, die es auf und zu klappen konnte, und jedes Mal, wenn die Mutter sie vom Schrank holte, um sie dem Kind zu zeigen, griffen die kleinen Hände sehnsüchtig nach der unerlaubten Puppe. Schlaft, schlaft, rief das Kind vergnügt, um dann umso ärgerlicher zu schreien, wenn die Puppe wieder unerreichbar auf dem Schrank verschwand.

Eine Puppe musste also gefunden werden. Erika, Hausmädchen der Familie, gab sich große

Mühe. Aus Stoffresten, die sie mit alten Strümpfen überzog, fertigte sie einen weichen, rundlichen Puppenkörper mit schlenkernden Armen und Beinen. Der Kopf war ein Problem. Beim Schreiner im Dorf fand sich eine Holzkugel, die einst einen Bettpfosten geziert hatte. Der Vater des Kindes übernahm es, der Kugel ein wenig Form zu verleihen und sie zu bemalen: Ein niedlicher kleiner, roter Mund, zwei Punkte für die Nase und zwei himmelblaue Augen mit rundherum gemalten Wimpern unter einer zwar nicht behaarten, aber mit brauner Farbe bemalten Schädeldecke brachten ein etwas befremdliches, doch für das Kind weit mehr als befriedigendes Ergebnis. Die neue Puppe erhielt in treuer Dankbarkeit an ihre Schöpferin den Namen ‚Tika', was in der Sprache des Kindes Erika bedeutete.

Tika begleitete das Kind an jeden Ort. Sie schlief in seinen Armen und tagsüber lag ihr brauner Stoffarm fest in der Faust des Kindes. Keinen Schritt mehr ging die Kleine ohne Tika. Das Entsetzen ist verständlich, als nach zwei Jahren, kurz vor Weihnachten, Tika plötzlich unauffindbar war. Das Hausmädchen Erika war längst wieder zu ihrer Familie in ihr Heimatdorf zurückgekehrt, die Familie selbst war in eine noble Wohnung in die Stadt gezogen. Spielsachen gab es inzwischen reichlich, auch zwei schöne neue Puppen aus Zelluloid mit Glasaugen und echten Haaren. Das Kind aber zog nach wie vor mit dem ‚Lumpenlieschen' umher, wie die Mutter es nannte. Selbst in den Kindergarten schleppte sie die schäbige Puppe, deren Gesicht von liebevollen Küssen nur noch zwei schwach blau schimmernde Kreise aufwies, wo einst die schönen Augen gewesen waren.

Unter dem braunen gemalten Haarschopf schaute das rohe Holz der Bettpfosten-Kugel hervor, und der Strumpfkörper war mehr als einmal gestopft, ja der Arm, an dem Tika durch die Welt gezogen wurde, war schon fast doppelt so lang wie der andere.

Die Liebe des Kindes jedoch war unverändert und der Schmerz entsprechend, als das heftigste Suchen nichts half. Schließlich erbarmte sich die Mutter und verzichtete, wenn auch ungern, auf die Weihnachtsüberraschung, die sie sich so schön überlegt hatte. Tika ist beim Puppendoktor, versuchte sie das Kind zu beruhigen. Weihnachten ist sie wieder da.

Die Tage bis zum Fest verliefen für das Kind qualvoll. Vergaß es auch hin und wieder im Spiel den Verlust, abends im Bett überfiel sie der ganze kindliche Schmerz. Die Eltern jedoch sahen voll Spannung und Vorfreude dem Augenblick entgegen, in dem das Kind Tika in neuem Gewand unter dem Baum erblicken sollte. Die Mutter hatte den Körper der Puppe mit schönem, sauberen, rosa Stoff neu überzogen, und sie hatte in einem Spielzeugladen einen herrlichen, kugelrunden Puppenkopf aus Porzellan mit Schlafaugen entdeckt, der gar nicht viel gekostet hatte und der alten Tika zum Verwechseln ähnlich sah. Ein neues Puppenkleid vervollständigte das prächtige Ergebnis.

Wer enttäuschter war, die Eltern oder das Kind, ist schwer zu sagen. Fassungslos starrte das Mädchen die Puppe an: Die hat braune Augen, das ist nicht meine Tika, jammerte es leise, drehte sich um und versteckte sich für den Rest des Weihnachtsabends weinend unter seinem Bett.

Zum Glück hatte die Mutter den hölzernen Puppenkopf aufgehoben. Am ersten Weihnachtstag wurde er ausgetauscht und der alte Holzkopf wieder angenäht. Ein paar Tage später durfte der Vater die Haare, den Mund und die Augen, die blauen Augen, sogar nachmalen.

Die schönen Mäntel

Das Backsteinhaus in der Gottorpstraße war das einzige in der näheren Umgebung, in dem noch Deutsche wohnten, weil es aus zwei unabhängigen Etagen und einer kleinen Dachwohnung bestand. Rundherum waren sonst nur Einfamilienhäuser. Die englische Besatzung hatte für ihre Offiziere die Villen bevorzugt. So kam es, dass Monika nur mit englischen Kindern spielen konnte. Ihre Eltern sprachen kaum Englisch, der Vater verstand mehr als die Mutter, weil er in einem holländischen Konzern arbeitete. Das fünfjährige Mädchen jedoch lernte mit den gleichaltrigen Nachbarskindern zu plappern, ohne sich bewusst zu sein, dass diese in einer anderen Sprache redeten, dass deren Eltern die Sieger waren und dass es viel besagte, ob man Englisch oder Deutsch sprach. Die Sehnsucht nach anderen Kindern hatte Monika ihre Schüchternheit überwinden lassen.

Zu Hause verzärtelten die relativ alten Eltern das Kind, spielten aber wenig mit ihr. Aber es gab da noch Gerda, das Hausmädchen vom Land. Gerda hatte breite, zupackende Hände, ein rotwangiges Gesicht und strohig kräftige Haare. Sie erzählte oft von ihrem Bauernhof in Maschen und kannte viele Lieder. Am liebsten hatte Monika, wenn Gerda auf Plattdeutsch ‚Heidschi bumbeidschi' sang. Ihre Lieder stimmten so traurig, dass Monika oft zu weinen anfing, wenn Gerda sie in den Schlaf singen wollte. Tröstend kam dann die Mutter, setzte sich ans Bett mit dem braunen Teddy, der genau aussah wie Pu der Bär, und ließ den Teddy mit verstellter

Stimme lustige Dinge erzählen, sodass die Tränen versiegten. Teddy war ein Freund, aber er sprach nur durch die Mutter. Monika war ein ernstes und stilles Kind. Ohne Geschwister groß geworden, hatte sie nicht gelernt, mit anderen Kindern zu spielen.

Es war schon Herbst und draußen kühles Wetter. Gerda arbeitete in der Küche, die Eltern waren nicht zu Hause. Die Wohnung war still, und das kleine Mädchen hatte seinen Kinderstuhl an das Wohnzimmerfenster gezogen und sich darauf gestellt, um hinaus zu schauen. Das Haus gegenüber schien ihm wie ein Schloss auszusehen. Die rote Backsteinvilla war ein typisches Haus der Jahrhundertwende mit Erkern und Holzbalkonen, einem verwinkelten Grundriss und machte neugierig auf das, was sich hinter den vielen Fenstern wohl verbergen mochte. Es war umgeben von einem Garten mit hohen Bäumen, der zwar nicht sehr groß war, aber die verwunschene Stimmung eines englischen Gartens verbreitete.

Nicht umsonst fühlten sich die Engländer in diesem Elbvorort Hamburgs zu Hause. Gleich hinter der Buchenhecke, die den Garten zur Straße begrenzte, stand rechts hinter dem eisernen Gartentor ein Magnolienbaum, der in dieser Jahreszeit schon fast kahl war, sodass seine niedrig ausgreifenden Äste einluden, darauf herum zu klettern. Monika drückte die Nase an der Scheibe platt und schaute den beiden kleinen Mädchen zu, die jedes auf einem Ast saßen und heftig schaukelten. Dabei redeten sie laut, kreischten und lachten, dass man es durch die geschlossene Scheibe hören konnte. In der Wohnung war es leise und leblos um Monika. Autos fuhren in den Nachkriegsjahren kaum durch diese Vorortstraße.

Das Lachen der anderen Kinder wurde dem einsamen Mädchen unerträglich. Es rutschte von seinem Stühlchen herunter, ging durch die dunkle Diele, die kein Tageslicht hatte, zur Küche und bat Gerda, ihr den Mantel zu geben, weil sie gerne unten spielen wollte. Unten, das war nur der kurze Weg vom Hauseingang bis zur Pforte. Auf der Straße zu spielen, hatten die Eltern der Fünfjährigen verboten, und in den Garten durfte sie nicht, weil die Hausbesitzer es nicht erlaubten. Es kam selten vor, dass Monika nach unten ging, obwohl sie von klein auf eine unstillbare Sehnsucht hatte, draußen zu sein. Manchmal spielte sie dort allein mit ihrem großen roten Ball, der schon längst nicht mehr glänzte, sondern rundum matt von Krakelee war, weil sie ihn allen anderen Bällen gegenüber bevorzugte. Aber auch dann konnte es geschehen, dass das Kind von den Hausbesitzern verjagt wurde und weinend seinen Rückzug antrat in das kleine Kinderzimmer neben Gerdas Schlafraum oder zu seiner geliebten Fensterbank im Wohnzimmer, von der aus man wenigstens hinaus schauen konnte.

Der Mantel, den Monika anzog, war aus mattgrünem Tuch, tailliert, mit einem Glockenrock und hatte eine große Pelerine, die weit über die Schultern reichte. Am Rand der Pelerine verlief ein schmaler Pelzstreifen, der dem Wintermantel etwas Nobles gab. Obwohl der dünne Wollstoff nur schlecht gegen den kühlen Hamburger Wind schützte, liebte Monika diesen Mantel vor allem wegen des Pelzrändchens, das sich so weich unter den Fingern anfühlte wie der dicke, braune Pelzmantel, den die Mutter im Winter oft trug.

Als das Kind aus dem Haus trat, fröstelte es. An der großen Holzpforte blieb es unschlüssig stehen und schaute über die Straße zu den anderen Kindern. Die Pforte war irgendwann einmal aufdringlich rot-weiß gestrichen worden. Dem Kind gefiel die Pforte. Hallo, rief es, den englischen Akzent imitierend über die Straße, um sich dann aber gleich zu bücken. In kindlicher Unlogik verbarg es sich, fasste mit den Händen zwei weiße Gitterstäbe und presste sein Gesicht durch den Spalt, um zu sehen, welchen Effekt sein Ruf hatte. Die englischen Mädchen schauten, da sie aber niemanden entdecken konnten, wandten sie sich wieder ihrem Spiel zu. Es brauchte einige Versuche, bis es Monika trotz ihres Versteckspiels gelang, die Aufmerksamkeit von Margrit und Clody auf sich zu ziehen. Monika kannte ihre Namen längst, hatte sie doch seit Wochen von ihrem Aussichtsplatz an der Fensterbank den Kindern zugeschaut, sie sprechen hören.

Manchmal war auch die schöne Mutter der beiden aus der Tür getreten und hatte mit einer weichen, melodischen Stimme nach den Kindern gerufen. Monikas Mutter war klein und rundlich, hatte ein hübsches südländisches Gesicht, das stets zum Lachen neigte, aber sie war so alt wie anderer Kinder Großmütter. Die schlanke Gestalt der Engländerin weckte eine unbestimmte Sehnsucht in dem Kind, wenn auf der anderen Seite der Straße die junge Mutter mit langen, weit schwingenden Röcken und offenen, halblangen, braunen Haaren mit ihren Kindern im Garten spielte, sich neben sie kniete, aufsprang und ihnen, selbst noch wie ein Kind, lachend davon lief, um sich dann fangen zu lassen, sie zu greifen und die kreischenden Mädchen nacheinander im Kreise herum zu wirbeln.

Als die beiden vom wiederholten Rufen schließlich doch neugierig geworden, an den Zaun getreten waren, machte Monika die Pforte auf, rannte über die Straße und stand mit klopfendem Herzen direkt vor den beiden Kindern. Erschrocken von der plötzlichen Nähe, umklammerte sie fest die Eisengitter des fremden Gartentors von außen, so, als wollte sie verhindern, dass man öffnen und sie hineinlassen könnte. Die beiden englischen Mädchen, von denen das ältere Margrit gleichaltrig war, das kleine ein, zwei Jahre jünger, redeten auf die fremde Besucherin ein. Mit ernstem Gesicht hörte Monika zu, verstand und verstand nicht. Wie alle Kinder in diesem Alter antwortete sie ganz selbstverständlich in ihrer eigenen Sprache. Die Kinder öffneten die Tür, Monika trat ein, und es begann eine unschuldige Kinderfreundschaft, die keine Probleme der Verständigung zeigte, weil Gesten und Mimik, Intuition und Ziellosigkeit des Tuns ein Miteinander ermöglichen, das Erwachsene nicht mehr kennen. Zu dritt saßen sie auf einem Ast des Magnolienbaumes wie kleine Vögel und plapperten miteinander.

Der Kleinsten wurde es als erster langweilig, sie sprang auf und begann im Garten herum zu tanzen. Sie drehte sich, bis ihr schwindelig wurde und ließ sich auf den Boden fallen. Bald gesellte sich die Schwester dazu, während Monika auf dem Ast sitzen blieb und dem wilden Tanz zusah. Die Mäntel der beiden waren genauso geschnitten wie ihrer, weite

Glockenröcke schwangen im Kreis, wenn die Kinder sich um die eigene Achse drehten. Das sah so lustig aus, dass auch Monika aufstand und sich mit den anderen lachend zu drehen begann. Wie freute es sie zu sehen, dass ihr Rock höher schwang als die anderen zwei. Der kleine blaue Mantel von Clody drehte sich am wenigsten. Stoffe waren in den Nachkriegsjahren nicht nur teuer, sondern kaum zu bekommen. Es hatte wohl nicht gereicht, den Mantel für die Jüngste genauso weit zu schneidern. Als die Kleine, traurig geworden, anfangen wollte zu weinen, zog Margrit ihren Mantel aus und tauschte ihn mit der Schwester. Bald begann ein Aus- und Anziehen, achtlos wurden die Mäntel auf die Erde geworfen, bevor sie ihre Besitzer wechselten. Es kreiselte und kreiselte, bis Monika eine Idee kam.

Ich komme gleich wieder, rief sie, eilte über die Straße und ließ Margrit und Clody an ihrer Pforte wartend zurück. Sie klingelte, und Gerda erschien auf der kleinen Küchenloggia. Bitte wirf mir meine Schere runter, bat das Kind. Die Schere, die bald darauf nach unten flog, war eine kleine stumpfe Schere zum Basteln. An einen Griff war ein blauweiß gestreiftes Bändchen geknotet, an dem Monika auch im Kindergarten erkennen konnte, dass es ihre Schere war.

Wieder bei ihren neuen Freundinnen angekommen, kniete sich Monika vor Clody nieder und begann mit sorgfältiger Mühe, in den Saum des blauen Mantels hinein zu schneiden. Wie herrlich drehte sich schon nach wenigen Schnitten der Mantel. Ja, er drehte sich nicht nur höher als vorher, er flatterte lustig dabei. Begeistert von ihrer Entdeckung, machte Monika immer mehr Schnitte in möglichst kleinen Abständen rund um Clodys Mantel. Verständlich, dass Margrit nicht zurückstecken wollte. Als Monika mit ihrer stumpfen Schere mühevoll auch Margrits Mantel verschönert hatte und die kleinen Engländerinnen sich gerade auf den Boden knieten, um nun auch bei dem Mantel ihrer deutschen Freundin nachzuhelfen, quietschte das Gartentor. Mr. und Mrs. Singer traten ein.

Es dauerte viele Jahre, bis Monika verstand, dass das Ende ihres Abenteuers ungewöhnlich war. Es geschah in Gegenwart der Kinder nichts, an das sie sich erinnern sollten. Mrs. Singer nahm ihrer Tochter die Schere aus der Hand und sprach in ihrer sanften Art mit den Kindern, um heraus zu bekommen, was geschehen war. Sie hatte wohl alles sehr schnell verstanden und strich dem deutschen Mädchen begütigend über das Haar. Mutig und ohne das geringste Schuldgefühl erzählte Monika auf Deutsch, wo sie wohnte und wie sie hieß. Ein wenig war sie wohl sogar stolz darauf, wie schön die Mäntel geworden waren. Nur dass Mrs. Singer ihr die Schere selbst beim Abschied nicht zurückgab und entschieden verhindert hatte, dass Monikas Mantel die gleiche Bearbeitung widerfuhr, machte sie unsicher. Nach Hause zurück gekehrt, berichtete sie weder von ihrer Heldentat noch erzählte sie ihren Eltern am Abend von den neuen Freundinnen.

Sie schlief schon, als Mr. und Mrs. Singer klingelten und ihren Eltern einen Besuch abstatteten. Mit dem liebenswürdigsten Verständnis für die kindliche Logik versuchten sie Monikas Eltern zu erklären, was geschehen war. Die Mäntel der Kinder über dem Arm standen sie ohne Vorwurf da. Der hilflose Dialog zwischen den ungleichen Elternpaaren in zwei Sprachen schwankte zwischen Lachen über die groteske Situation und Weinen aus Ratlosigkeit darüber, was zu tun war. Der Winter stand bevor, Stoffe für zwei Mäntel zu bekommen, war selbst für die Engländer aussichtslos und unbezahlbar. Großmütig winkte der Offizier ab, als Monikas Vater mit entschlossener Miene deutlich machte, egal, was es koste, er werde schon irgendwo Stoffe auftreiben können. Mrs. Singer setzte sich im Schneidersitz auf den Boden, nahm einen der Mäntel und begann mit großen ausholenden Bewegungen so zu tun, als würde sie nähen. Als sie kokett nach oben schaute, löste sich die Ratlosigkeit endgültig in Gelächter auf. Die Lösung war gefunden: Die Mäntel wurden durch eine Kunststopferin fast so schön wie zuvor.

Monika verbrachte die zwei Jahre während der englischen Besatzungszeit mehr in dem Backsteinschlösschen als zu Hause. Als die englischen Truppen abgezogen wurden, sprach sie fast besser Englisch als Deutsch. Kurz vor Monikas Schulbeginn verließ die Familie Singer Deutschland, um nach Liverpool zurückzukehren. Ein kleines Buch mit Kinderversen von Stevenson, in rotem Leder gebunden, ließen sie als Abschiedsgeschenk zurück. Der englischen Ledereinbänden eigentümliche Geruch hat sich über Jahrzehnte nicht verloren und löste immer wieder in Monika die wehmütige Erinnerung an eine Kinderfreundschaft aus, die sich so nicht wiederholen sollte.

Der Pompon

Das Mädchen hatte von seinem Vater eine Mütze aus Norwegen bekommen. Er war oft auf Geschäftsreisen und brachte Kleinigkeiten aus fremden Ländern mit. Die Mütze stand dem Mädchen entzückend, meinte zumindest seine Mutter. Es war eine Art Kappe, die um den Kopf lag und auf dem Hinterkopf flach war. Immer der Rundung des Gesichtes folgend, liefen schmale, bunte Bänder. Vorne war sie mit einem Band geschlossen, das aus den vielen farbigen Bordüren geflochten war. Das mochte alles noch angehen, zumal die Kappe sehr warm war, schließlich trugen solche Kopfbedeckungen die Kinder in Lappland, hatte der Vater erzählt.

Oben auf der Mütze aber, nicht etwa hinten, nein, ganz oben in der Mitte saß ein riesiger pampelmusenfarbener Pompon. Er war auch genauso groß wie eine Pampelmuse. Die Mutter war selig, als sie dem Mädchen das norwegische Ungetüm auf den Kopf setzte. Du siehst so süß aus, sagte sie zu ihrer Püppi, wie sie das Mädchen nannte.

Püppi war verwöhnt und altklug. Wie die meisten Einzelkinder hatte sie nur gelernt, es den Erwachsenen recht zu machen. Mit Gleichaltrigen kam sie schlecht aus. Sie weinte zu viel und war zu strebsam. Außerdem konnte sie nicht schnell laufen, und beim Apfelessen taten ihr die Zähne weh.

Und jetzt die Norwegerkappe. Wenn nur der Pompon nicht gewesen wäre. Püppi erkannte ihre Situation zu spät. Als sie morgens über den Schulhof ging, löste sie ein wildes Gejohle aus. Ihre Mitschüler schrien vor Lachen. Wenn es nicht geläutet und die Lehrerin, Frau Gottsleben, die Kinder nicht zu sich befohlen hätte, wäre der Pompon schon jetzt abgerissen worden.

So ging der Schultag vorbei, und alles geschah erst auf dem Weg nach Hause, gut fünf Minuten von der Schule entfernt, auf der großen Wiese, an der entlang sie gehen musste. Eine Horde von etwa zehn Kindern hatte sie verfolgt. Vielleicht wäre es klüger gewesen, die Kappe einfach in den Ranzen zu stopfen, aber aus einer Mischung von Gehorsam und Trotz hatte sie die Kappe aufgesetzt.

Detlef und Hans-Dieter, die Frechsten und Stärksten der Klasse, warfen sie auf den Boden und hielten sie fest, die anderen traten und kitzelten sie. Das Treten war nicht so schlimm, weil die Kinder zu feige waren, um heftig zu treten, aber Kitzeln, das war's. Das Gesicht voll Rotz und Tränen, dreckverschmiert von oben bis unten, stand Püppi zitternd auf, als die Kinder von ihr abließen. Die Kappe lag in einer Pfütze und daneben der abgerissene Pompon. Laut weinend, von jäher Wut gepackt, buddelte Püppi mit bloßen Händen in der matschigen Wiese eine kleine Kuhle, bis sie gerade groß genug war, den Pompon zu begraben.

Als sie nach Hause kam, stieß sie auf Mitleid und Jammern, auf Eltern, die sich beschweren wollten. Und die Mutter wandte sich mit begütigender Stimme an das Hausmädchen: Karin, Sie machen doch einen neuen Pompon für die Kappe, nicht wahr?

Gott sei Dank kam Karin nicht dazu.

Schwarz lackierte Fingernägel und roter Sekt

Am Silvestermorgen entstand eine unerwartete Aufregung. Das Ehepaar hatte geplant, am Spätnachmittag zu Hause mit der zehnjährigen Tochter vorzufeiern und anschließend im Atlantik Hotel an der Alster essen zu gehen. Helene freute sich auf den Abend. In den letzten Jahren ihrer Ehe war es immer seltener geworden, dass sie zu zweit ausgingen. Gründe gab es dafür genug. Die kleine Tochter, ein Nachkömmling nach achtzehn Jahren Ehe, musste beaufsichtigt sein. Helmuth war selten zu Hause. Unmittelbar nach dem Krieg war ihm in der holländischen Firma ein ungewöhnlicher Aufstieg gelungen, weil er sich erfolgreich dem Eintritt in die nationalsozialistische Partei entzogen hatte. In seiner neuen Position musste er noch mehr verreisen als früher, und abends kam er spät aus seinem Büro. Helene war stolz auf die Karriere ihres Mannes, aber das Alleinsein in der großen Wohnung fiel ihr schwer. Der Sohn war erwachsen und hatte das Haus längst verlassen. Der neue Wohlstand ermöglichte ihnen ein Dienstmädchen, das bei ihnen wohnte, sodass die häuslichen Pflichten sich auf beiläufige organisatorische Aufgaben reduzierten, denen sie sich umso pedantischer widmete.

Sie war pummelig geworden und gab sich ihren depressiven Stimmungen hin, die sie – wie alle Probleme dieser Jahre – auf die Wechseljahre schob. Das nachlassende Sexualleben in ihrer Ehe war ihr kein Problem. Im Gegenteil, ihre Bedürfnisse waren von jeher unerotisch und hatten sich etwas schmusig Kindliches bewahrt, das wenig geeignet war, der neuen Lebensphase ihres Mannes zu genügen.

Während sie, die sich plaudernd und lachend in heiterer Geselligkeit ohne intellektuelle Ansprüche am wohlsten fühlte, zunehmend träger wurde, hatte Helmuth, gefordert durch seine neuen Aufgaben, seine akademischen Geschäftskollegen, die Reisen in europäische Großstädte, eine späte Aktivität auf allen Ebenen entwickelt. Mit fünfzig hatte er zu reiten begonnen und sich ein Pferd gekauft, spielte Tennis, verschlang Romane, von denen er meinte, man müsse sie gelesen haben, abonnierte gleich drei, vier Tageszeitungen. Zwei Abende verbrachte er in der Berlitz-School, um sein Englisch aufzubessern und Chinesisch zu lernen.

Das Überzogene seines Verhaltens registrierte Helene, ohne dass sie auf seine Veränderung mit eigenen Impulsen reagierte. Seiner Reitleidenschaft begegnete sie, indem sie ihm Porzellanpferde schenkte, und als er sich auch noch in einen Aquarellkurs an der Kunstakademie einschrieb und bei einem namhaften Maler Privatstunden nahm, kaufte sie, rührend bemüht, wöchentlich neue Farben, Pinsel und teures Papier. Ihn zu begleiten, hatte sie wenig Lust.

Die Atmosphäre in der Reithalle fand sie unerträglich, auf dem Tennisplatz herumzusitzen, langweilte sie, und wenn beide mit der Tochter am Sonntag zum Picknick in die Heide fuhren, verzogen sich Vater und Tochter, um gemeinsam zu malen, während Helene zum Ärger Helmuths stets ihre misslaunige, alleinstehende Freundin Hilde mitschleppte, um ein offenes Ohr für ihr Gesprächsbedürfnis zu finden.

Fast wäre Hilde auch an diesem Silvesterabend wieder dabei gewesen, hätte nicht Helmuth mit einem Anflug von Verzweiflung darauf bestanden, mit dem Kind am frühen Abend vorzufeiern, um danach allein mit seiner Frau auszugehen. Beunruhigt versuchte er, der wechselseitigen Entfremdung entgegen zu wirken, die seine Frau in ihrer gutgläubigen Naivität nicht wahrzunehmen schien. Ein gemeinsamer Abend zu zweit, vielleicht nach dem Essen mit ihr tanzen gehen...

Während er sich umzog, klingelte das Telefon. Er nahm ab. Hier ist Michaelis, sagte eine Frauenstimme. Sie erinnern sich, ich bin Journalistin. Wir haben uns letzte Woche beim Empfang in Ihrer Konzernzentrale kennengelernt. Hätten Sie nicht Lust, heute Abend mit uns ins Schauspielhaus zu kommen, wir haben noch zwei Karten?

Helmuth sagte zu, ohne zu zögern. Ihre Stimme hatte ihm jeden klaren Gedanken genommen. Es war, als stünde sie wieder vor ihm, groß und schlank mit hohen Absätzen, sodass sie ihm aus gleicher Höhe herausfordernd in die Augen schauen konnte. Mit ihrer heiseren Stimme hatte sie ihm Komplimente gemacht, die provozierend frech gewesen waren.

Er blickte auf den aufgelegten Telefonhörer. Ein Abend zu viert. Erklärungen fielen ihm nicht ein, als er seiner Frau mit verlogener Begeisterung von der phantastischen Gelegenheit, ins Theater zu gehen, erzählte. Helenes Enttäuschung war zu groß, als dass sie sich beherrschte. Und Marlene? rief sie hilflos, in der Hoffnung, den alten Plan noch retten zu können. Marlene, das hatte er nicht bedacht, für ein vorgezogenes Fest mit dem Kind reichte die Zeit vor dem Theater nicht. Kein Problem, das Dienstmädchen Manda war ja da, schließlich kann man sich nicht zum Sklaven eines Kindes machen. Helene ergriff instinktiv ihre Chance und versuchte, die Enttäuschung des Kindes für sich zu nutzen. Helmuth konnte nicht mehr zurück, eine Absage wegen eines Kindes, lächerlich.

Der Kompromiss wurde gefunden. Der Firmenwagen mit Chauffeur vor der Tür brachte die Lösung. Roter Sekt sollte besorgt werden, eine Liste mit Delikatessen aus dem Feinkostladen wurde in Eile aufgeschrieben, Helmuth konnte es nicht nobel genug sein. Wie irrten Helene und ihre Tochter, die meinten, der Aufwand würde getrieben, um sie zu trösten. Marlene durfte aufbleiben, während die Eltern ins Theater gingen, und Manda sollte den lukullischen Imbiss bereiten, den Sekt kaltstellen, den Kamin anzünden.

Das Ehepaar machte sich auf den Weg. Helmuth trug einen perfekt sitzenden eleganten Anzug. Seit er zu Geld gekommen war, ließ er sich seine Kleidung bei Ladage und Ölke, einem der teuersten Geschäfte Hamburgs, schneidern. Helene hatte ein braun changierendes Seidenkleid an, dessen Stoff ungewöhnlich schön war, aber dem Schnitt, der ihre rundliche Figur unvorteilhaft betonte, sah man die unbeholfene Nadel eines billigen Hausschneiders an, dem Helene in ihrer Anspruchslosigkeit die Treue gehalten hatte. Zum ersten Mal seit Jahren betrachtete Helmuth das Aussehen seiner Frau daraufhin, wie sie neben ihm und vor allem er neben ihr wirkte. In seiner Eitelkeit hatte er übersehen, dass sie zu dem Bild gehörte, das er selbst abgab.

Als beide im Foyer des Schauspielhauses dem extravaganten Journalisten-Ehepaar Michaelis gegenüberstanden, schämte sich Helmuth seiner Frau und zugleich dafür, dass er sich schämte. Er registrierte sehr wohl das ironische Lächeln, mit dem beide die pummelige, leicht verlegen lachende Helene begrüßten. Herr und Frau Michaelis zogen die Blicke der konservativen Hamburger Theaterbesucher aus anderen Gründen auf sich. Ihrer gesucht künstlerischen Art, sich zu kleiden, fehlte wirkliche Eleganz. Das Lila seines offenen Hemdes war zu grell, der silbriggraue Sakko zu glänzend, der graue Pferdeschwanz – mit einem ebenfalls lilafarbenen Seidentuch zugebunden – wirkte geckenhaft. Der Schick seiner Frau war zu sexbetont, um den fraglos ordinären Zug ihrer Erscheinung zu verbergen. Frau Michaelis schien sich in geheimnisvollem Schwarz zu gefallen, das der Farbe ihrer kurzen lockigen Haare entsprach. Das Kleid war lang, aber an beiden Seiten bis in problematische Höhe geschlitzt, der tiefe Ausschnitt ließ deutlich die bei ihrer sonst schlanken, nahezu mageren Figur überraschend üppigen Brüste sehen. Der Clou aber waren ihre langen, gepflegten schwarz lackierten Fingernägel.

Die Konversation der ungleichen Paare verlief schleppend. Helmuth versuchte, mit bemühtem Witz gute Laune vorzutäuschen, Helene plapperte auf Frau Michaelis ein, indem sie ihr naiv von den Schwierigkeiten berichtete, die es bereitet hatte, die weinende Tochter zu Hause zu beruhigen. Erst eine arrogante Bemerkung der Journalistin, selbst Mutter mehrerer Kinder, die offensichtlich nicht so viel Theater machten, wie Frau Michaelis sich ausdrückte, ließ Helene verstummen. Eine Weile witzelte das unbürgerliche Paar über seine häusliche Situation ‚meine Kinder, deine Kinder, unsere Kinder' und provozierte schließlich durch die frivole Bemerkung, einer neuen Scheidung stünde nichts im Wege. Mit neckischer Anmut nahm die schwarze Femme Fatale den bürgerlichen Helmuth beim Arm und ging mit ihm vor in den Zuschauerraum. Ihr bezopfter Gatte folgte lachend mit der immer mehr die Fassung verlierenden Helene.

Das Stück hinterließ bei allen Vieren aus unterschiedlichen Gründen keine große Wirkung. Helmuth kämpfte mit einer pubertären Verliebtheit und atmete mit sinnlicher Emphase das billige Parfüm von Frau Michaelis ein, die ihrerseits mit scheinbar unabsichtlichen Bewegungen ihren Sitznachbarn mehr als nötig berührte und unverhohlen den Flirt anheizte. Helene kämpfte mit den Tränen. Quälende Angst und die Unmöglichkeit, der unerwarteten Situation entkommen zu können, lagen ihr wie ein Schmerz in der Brust. Der Gleichmütigste war Herr Michaelis, der mit Sadismus die Situation überschaute und zu genießen schien.

Während der Autofahrt zu Helmuths und Helenes Wohnung redete er daher auch als Einziger über das Theater. Selbstsicher jonglierte er mit seinen literarischen Kenntnissen, warf mit Namen von Autoren, Schauspielern und Regisseuren um sich, die dem bürgerlichen Paar in dessen Halbbildung natürlich nicht vertraut waren.

Zu Hause angekommen, wurden sie von Manda und Marlene empfangen: Manda mit weißem Schürzchen umgebunden, das kleine Büffet zubereitet, das Kind stürmisch vor Freude, die Eltern wieder zu sehen.

Die Situation war nicht zu retten, im Gegenteil, die unterschiedliche Gemütsverfassung der einzelnen Personen machte die Diskrepanz der Welten, in denen die beiden Paare lebten, noch deutlicher. Die gut gemeinte Gastlichkeit blieb durch ihre großbürgerliche Prätention und die familiäre Art, wie sie präsentiert wurde, ein spießiger Versuch, einer Welt anzugehören, über die man eigentlich nicht viel wusste. Das Ehepaar Michaelis, mit zwiespältig frivolen Absichten gekommen, versuchte zunächst, sich durch intellektuelle Wichtigtuerei ins Licht zu setzen, wurde aber immer gereizter durch die beiden zutiefst unbehagliche und langweilige Atmosphäre des Abends.

Der rote Sekt löste ironisches Gelächter aus, die Qualität des Kaviars wurde benörgelt. Helmuth – ohnehin von Minderwertigkeitsgefühlen nicht frei – verlor zunehmend die Contenance. Die spitzen Bemerkungen beleidigten ihn zutiefst, aber der verzweifelte Wunsch, dieser ihm so verführerisch scheinenden Frau zu gefallen, lähmte ihn. Jedes Mal, wenn Frau Michaelis ihre nackten Arme gelangweilt in die Höhe streckte, um sich dann mit beiden Händen durch die lockigen Haare zu fahren, wandte Helmuth ängstlich seinen Blick ab, um die Verwirrung zu verbergen, die der Anblick ihrer schwarz behaarten Achselhöhlen ihm bereitete. Helene rettete sich, indem sie ständig mit Marlene sprach oder Manda hin und her schickte.

Man holte Knallbonbons und ein Kästchen mit Figuren zum Bleigießen. Frau Michaelis rauchte zunehmend nervös schmale Zigarillos aus einer langen, silbernen Zigarettenspitze, die sie mit Daumen und Zeigefinger hielt, sodass ihre schwarz lackierten Fingernägel dekorativ zur Geltung kamen. Ihr Mann gähnte, schaute immer häufiger auf die Uhr, stocherte im Kaminfeuer herum und bediente sich großzügig mit Whisky, den er sich – statt des verschmähten roten Sekts – aus dem Chippendale-Schränkchen, das als Bar diente, hatte geben lassen.

Als schließlich das verzogene Einzelkind durch sein Genörgel durchsetzte, dass alle gemeinsam ‚Mensch ärgere dich nicht' spielen sollten, eskalierte die Stimmung.

Frau Michaelis sprang auf und erklärte mit scharfer Stimme, sie hätten nicht gewusst, dass sie zu einem Kindergeburtstag eingeladen seien. Heute sei Silvester und deswegen würden sie bevorzugen, jetzt zu gehen. Helmuth war mit seiner Beherrschung am Ende. Es gelang ihm nicht, Argumente zu finden, die den Abend retten oder die Journalisten zum Bleiben hätten bewegen können.

Die Kraft reichte bei allen noch zu einem frostigen Abschied mit bedauernden Floskeln. Manda hatte die Gäste noch nicht unten aus der Haustür gelassen, als oben in der Diele vor dem Kaminfeuer in Gegenwart des entsetzten Kindes ein Streit zwischen den Eheleuten ausbrach, der alles zutage brachte, was in den letzten Jahren mühevoll unter Konvention und Bequemlichkeit verborgen geblieben war.

Noch bevor das Jahr zu Ende ging, war endgültig zerbrochen, was nicht mehr zu retten gewesen war, obwohl das Paar noch Jahre um seine Ehe ringen sollte.

Der Schrei oder die Kindheit ist zu Ende

Der romantische Gasthof liegt mitten in den Wäldern der Lüneburger Heide, umgeben von kleinen Fachwerkhäusern mit Reetdächern, in denen einzelne Gästezimmer sind. In jenem Winter damals war alles tief verschneit. Es führt keine offizielle Straße hierher, im Winter reist man mit dem Pferdeschlitten an, im Sommer mit der Kutsche. Die Stille an diesem Ort ist berührend. Der Schnee schluckt die wenigen Geräusche. Manchmal hört man den Wind, manchmal das Trappeln oder Blöken der Heidschnucken. Hierher kommt im Winter nur, wer Ruhe sucht und in sich selber ruht. Unter den wenigen, überwiegend aus Ehepaaren bestehenden Gästen, war nur ein Kind, ein etwa zehnjähriges kleines Mädchen in Begleitung einer schmalen ältlichen Frau, die man für die Großmutter hätte halten können, die offenbar aber die Mutter des Kindes war.

Zum Essen ging man abends über den breiten, dick verschneiten, von Wachholderbüschen gesäumten Weg hinüber in den freundlich erleuchteten Gasthof. Man hörte nur das Knirschen des Schnees unter den Schritten und gelegentlich das Zufallen einer Tür. Es war behaglich, wenn man aus der kalten Winterluft in das gemütliche Gastzimmer mit der niedrigen Holzdecke kam, um bei heißem Tee Abendbrot zu essen. Selbst hier drinnen war es friedlich und still. Die Gäste unterhielten sich leise, es gab keine Musik. Unangenehm, geradezu fremd störte das schrille Klingeln des Telefons, das an der Wand direkt neben der Theke hing.

Frau Marten, ein Anruf für Sie!, wandte sich der Wirt an die Frau mit dem Kind. Die Frau erhob sich, ging an die Theke, der Wirt reichte ihr den Hörer. Sie stand an der Wand, mit dem Rücken zu dem Tisch, an dem das Kind sitzen geblieben war und unbeteiligt weiter aß. Überrascht blickte es auf, als die Mutter an ihm vorbei lief und, ohne ein Wort an es zu richten, aus der Gaststube hinaus stürzte. Der Hörer des Telefons schlug baumelnd laut gegen die Wand.

Die anderen Gäste sahen sich um, und der Wirt griff zum Hörer. Hallo? Hallo? Offenbar sprach jemand zu ihm. Er trat an den Tisch, an dem das Kind mit erschrockenen Augen saß. Margot, dein Bruder ist am Telefon und möchte dich sprechen, sagte der Wirt. Mit steifen Schritten ging Margot zu der Wand, an der das Telefon hing.

Ja…, sagte sie leise. Margot, hör gut zu. Unser Vater ist aus der Wohnung ausgezogen. Er hat deine Mutter verlassen. Meine, wieso meine? fragte sie, nichts begreifend.

Er hat unsere Mutter verlassen. Wenn ihr nach Hamburg zurück kommt, wird er nicht mehr bei euch wohnen. Das Kind schwieg. Bist du noch da? Ja, hauchte es. Verstehst du? Du bist ein großes Mädchen, schließlich kommst du demnächst aufs Gymnasium. Deine Kindheit ist jetzt zu Ende. Du musst jetzt einfach vernünftig sein. Unsere Mutter braucht deine Hilfe. Ich kann von Frankfurt aus nicht viel machen, sagte der große Bruder am Telefon zu der zehnjährigen Schwester.

Sie stand in der behaglichen Gastwirtschaft mit dem Hörer in der Hand. Sie war zu klein, um den Hörer wieder auf das Telefon zu legen, das zu hoch an der Wand befestigt war. Sie antwortete nicht mehr, als der Bruder weiter auf sie einredete. Behutsam ließ sie den Hörer los, damit er nicht gegen die Wand schlug, drehte sich um und ging aus der Gaststube.

Schräg gegenüber sah sie Licht in der Kate, die sie mit ihrer Mutter bewohnte. Dann rannte sie in die andere Richtung, rannte so, wie sie war, in ihrem dünnen Schottenkleid den schneeigen Heideweg entlang, stolperte, fiel hin, grub das Gesicht in den Schnee und schrie, schlug mit den Händen und dem Kopf auf den Schneeboden und schrie in die Stille der Lüneburger Heide.

Ferien am See

Weil sie müde war, fröstelte sie, als sie an der Hand ihres Vaters die steinerne Freitreppe der Villa hinaufstieg. Es war spät, und der Nachtportier des kleinen Hotels gab ihnen den Schlüssel, ohne sie die Treppe mit dem roten Teppich nach oben zu begleiten.

Das Zimmer, das sie betraten, schien ihr wunderschön mit einem Schreibtisch und einem großen Lehnstuhl davor. Die schweren Vorhänge waren mit seidenen Kordeln zur Seite gerafft, aber draußen war Nacht, und sie erkannte noch nicht den Blick auf den kleinen See, der unmittelbar vor dem Haus lag.

Hier schläfst du, sagte der Vater, mein Zimmer ist direkt neben deinem. Erst jetzt sah sie, dass in dem prächtigen Zimmer nur ein Bett war. Gute Nacht, schlaf gut. Morgen früh wecke ich dich zum Frühstück. Als sie allein war, fürchtete sie sich, aber die Müdigkeit war stärker als ihre Ängstlichkeit.

Am nächsten Morgen schien ihr die Sonne ins Gesicht, denn sie hatte die Vorhänge nicht zugezogen. Ihr Vater hatte sie nicht geweckt. Barfuß ging sie auf dem weichen Teppich an das Fenster und sah den kleinen See. Gleich vorn war ein Badesteg, an dem ein kleines Holzboot lag. Ein blonder Junge saß darin und hielt eine Angel ins Wasser.

Als sie das Fenster öffnete, hörte sie unten, von der Terrasse herauf die Stimme des Vaters, der mit einer Frau sprach. Er lachte viel.

An ihr Zimmer grenzte ein kleines Bad. Sie hatte noch nie in einem Hotelzimmer gewohnt, das ein eigenes Bad hatte. Überhaupt hatte sie noch nie allein in einem Hotelzimmer geschlafen. Seit ihre Eltern getrennt lebten, war sie nicht mehr verreist. Sie packte ihre Waschsachen aus, die in einem kleinen Kulturbeutel waren, wie die Mutter es nannte, er war aus hellblauem Kunststoff mit einem Muster aus weißen Rettungsringen.

Aus dem Koffer zog sie ihr Lieblingskleid, das sie eigentlich nur bei besonderen Anlässen anziehen sollte. Es war ein ärmelloses Hängerchen aus weißer, gerüschter Baumwolle mit roten Punkten.

Der Flur war still. Ohne jemandem zu begegnen, ging sie die Treppen hinunter und sah unten in der Vorhalle durch die weit geöffneten Türen die Freitreppe, die sie am Vorabend hinaufgegangen war, an deren Absatz sich links und rechts Terrassen mit weiß gedeckten Tischen erstreckten.

Links vom Eingang saß ihr Vater mit einer blonden, braun gebrannten Frau in Reiterkleidung. Als er das Kind entdeckte, rief er es zu sich: Guten Morgen, Magda, sag schön guten Tag, das ist Frau Zürs, ihr gehört dieses Hotel.

Die schöne blonde Frau reichte ihr mit einem kräftigen Druck die Hand, stand aber im selben Moment auf und erklärte, beim Frühstück nicht stören zu wollen. Im Weggehen strich sie Magda über den Kopf und fragte: Reitest du auch? Ja, antwortete sie.

Ohne auf die Antwort zu reagieren, wandte sich Frau Zürs ab, ging die Treppe hinunter zu dem blonden Jungen am Boot und setzte sich zu ihm.

Das Mädchen saß dem Vater gegenüber und versuchte, den heißen Tee zu trinken. Während er seine Zeitung las, schaute sie sehnsüchtig zu dem Jungen am Wasser. Du kannst aufstehen, sagte der Vater mit leichter Ungeduld. Der Junge heißt Wilhelm. Er ist der Sohn von Frau Zürs.

Zögernd stand sie auf und blieb auf der oberen Stufe stehen, die Hand auf eine runde Steinkugel gelegt, die die Balustrade am Treppenabsatz krönte. Komm nur, rief ihr die blonde Frau freundlich zu, das ist Wilhelm. Ich glaube, ihr seid gleich alt. Sie stand auf, wandte sich mit den langen Schritten einer Reiterin wieder dem Hotel zu und ließ die Kinder allein.

Wilhelm redete mit ihr, als habe er sie immer schon gekannt. Er war kontaktfreudig und anspruchslos gegenüber Fremden wie alle Kinder, die in Hotels groß werden. Zugleich wenig verwöhnt durch Freunde wegen der einsamen Lage des Hotels, schien er sich vom ersten Moment an über die neue Gefährtin zu freuen. Komm, ich zeig' dir, wo man im See baden kann. Hier geht es nicht, da lassen uns die Schwäne nicht ins Wasser. Neulich hat das Männchen eine Frau angefallen, die musste sogar ins Krankenhaus. Wir nehmen das Boot, komm.

Am anderen Ende des Sees zog Wilhelm sich sein Polohemd aus und sprang in seinen kurzen Hosen mit hüpfenden Schritten in den See. Das Mädchen zögerte, dann schlüpfte es aus seinem Sonntagskleid, stieg in Unterwäsche auf den Steg und sprang zur Bewunderung des Knaben mit einem Kopfsprung in den See. Schwimmen konnte sie.

Der Tag verging, ohne dass sie ihren Vater sah. Wilhelm zeigte ihr die Enten auf dem See und brachte sie zu den Pferdeställen. Links von der

Hotelvilla stand ein zweites Gebäude, kaum weniger herrschaftlich, nur etwas kleiner. Der Eigentümer der großen Villa, des sogenannten Schlösschens, hatte es sich um die Jahrhundertwende bauen lassen, als er das Hotel in der Villa aufgemacht hatte.

Für Magda begannen Ferien, wie sie sie nie erlebt hatte. Der Sommer war für norddeutsche Verhältnisse ungewöhnlich warm. Sie trug täglich das weiße Kleid mit den roten Punkten, wenn es auch bald nicht mehr weiß war. Niemand achtete darauf. Ihr Vater ließ ihr alle Freiheit der Welt. Die Kinder schwammen den halben Tag im Wasser, oder sie saßen im Kirschbaum, aßen Kirschen und spuckten Steine um die Wette.

Einmal durften sie im Zelt übernachten. Magdas Vater hatte ihnen geholfen, das Zelt hinten im Park unter den großen Eichen in der Nähe des Pferdestalls aufzubauen. Selbst als es Nacht wurde und Wilhelm anfing, Gespenstergeschichten zu erzählen, genoss sie die unheimliche Stimmung und war enttäuscht, als ein Gewitter aufzog und Frau Zürs die Kinder ins Haus holte.

Mittags aßen die beiden in der Küche des Hotels mit den Bediensteten, oder sie machten ein Picknick. Wilhelm holte Brot und Eier aus der Küche, machte im Park in einer großen, leeren Steinvase ein Feuer, über das sie die Pfanne hielten, bis die Eier gebraten waren.

Magda dachte wenig darüber nach, womit der Vater seine Tage verbrachte. Morgens trug er bereits seine Reithosen, und manchmal war er schon beim Frühstück nicht mehr da. Ein schmaler, junger Kellner brachte ihr eine Tasse Schokolade. Dein Vater ist schon ausgeritten. Macht nichts, Wilhelm saß schon auf dem Steg und wartete auf sie.

Abends aßen sie zumeist mit Frau Zürs und mehreren anderen Gästen auf der Terrasse. Nach dem Essen verzogen sich Wilhelm und Magda in das Privathaus und spielten in Wilhelms großem Zimmer, das einen Balkon hatte, von dem aus man auf das beleuchtete Hotel sehen konnte. Es war spät, wenn der Vater sie holte und in ihr Zimmer brachte.

Nach einigen Tagen schlug Frau Zürs vor, Magda könne diese Nacht bei Wilhelm im Zimmer schlafen, weil der Vater und andere Gäste nach Bremen fahren wollten. Es würde spät werden. Diesen Abend lag das Hotel still in der Sommernacht. Den Kindern hatte man aus dem Hotel einen großen Teller mit bunten Schnittchen heraufgebracht. Radieschen lagen dabei, und auf den gekochten Eierscheiben waren Tupfen von Sardellenpaste.

Die Vertrautheit der Kinder war groß geworden, sodass sie in kindlich erotischer Stimmung Doktorspielchen begannen. Der ländliche Wilhelm war vielleicht wissender als das Stadtkind, aber von ebenso unschuldiger Neugier. Als sich beide nackt gegenüber saßen, verloren sie, halb verlegen, halb gelangweilt, die Lust an ihrem Spiel und zogen sich wortlos wieder an.

Immerhin waren sie sich unbewusst bewusst, etwas nicht Erlaubtes getan zu haben, sodass sie still vorgaben, fest zu schlafen, als sie Autos vorfahren hörten und sich kurz darauf die Schritte von Frau Zürs dem Kinderzimmer nährten. Still lagen sie in ihren Betten, wagten nicht zu atmen, und erst als die Tür sich langsam wieder schloss, standen sie beide auf und lauschten versteckt auf dem Balkon in die Sommernacht. Drüben auf der Terrasse wurde es ebenfalls still. Laut hört man die Zikaden. Sie sahen, wie Wilhelms Mutter und Magdas Vater als letzte das Hotel verließen und zum Reitstall gingen. Wenig später hörten sie die Pferde am Haus entlang aus dem Hoftor Richtung Wald traben und dann nichts mehr. Kalt und müde gingen die Kinder schlafen, ohne auch noch ein Wort zu wechseln.

Am nächsten Morgen waren weder der Vater noch Frau Zürs zu sehen. Das Hotelpersonal kümmerte sich um die Kinder, die wie immer im Park zu spielen begannen.

Es gab Tage, da nahm der Vater morgens das Mädchen mit auf einen Spaziergang. Sie nahmen ihre Staffeleien mit und setzten sich in die Heide, um zu aquarellieren. Der Vater erklärte ihr, wie man mit den Farben umging, wie viel Wasser man nahm und wie man mischte. Es waren schöne Stunden, in denen sie nicht viel sprachen. Später zeigte das Mädchen Wilhelm die Bilder, die es gemalt hatte. Schön, sagte Wilhelm. Ich kann nicht malen. Jeder kann malen, antwortete das Mädchen. Wilhelm lachte.

Nur einmal ritten sie alle zusammen aus. Frau Zürs, der Vater und die beiden Kinder. Sie ritten langsam, meist nur im Trab. Frau Zürs erklärte den Kindern die Heide und die Gefahren des Torfs, an dem sie entlang ritten. Der Vater lachte über alles und nichts. Herrlich, rief er immer wieder aus, einfach herrlich.

Irgendwann, nach ein, zwei Stunden, brachte Frau Zürs ihr Pferd plötzlich zum Stehen, wandte sich zu Magdas Vater und sagte überraschend heftig: Genug jetzt. Schluss, wir reiten jetzt zurück. Sie drehte um und schlug Galopp an. Wilhelms Pferd parierte sofort, der Vater schloss sich unmittelbar an, ohne zu bemerken, dass das Pferd des Mädchens bockte und sich weigerte, aus dem Trab in den Galopp zu gehen. Erst als Magda allein auf dem Waldweg war und die anderen hinter der nächsten Biegung nicht mehr zu sehen waren, gelang es ihr, das Pferd anzutreiben. Aus Zorn und Übermut wählte sie einen anderen Rückweg, ritt wie der Teufel und genoss den Wind und die Heftigkeit der Bewegung. Sollen sie sich doch sorgen um mich, dachte sie und lachte auf.

Abends auf der Hotelterrasse erfuhr Magda von ihrem Vater, dass er am Wochenende abreisen müsse, aber dass schon Montag ihre Mutter käme, sodass sie noch eine weitere Woche hier ihre Sommerferien verbringen könnte. Am Montag? fragte sie. Dann siehst du sie ja gar nicht mehr. Nein. Das ist auch besser so. Warum? Er blieb ihr die Antwort schuldig. Die Eltern hatten sich monatelang nicht mehr gesehen. Es war gut ein Jahr her, dass der Vater ausgezogen war, und in ihr war immer noch die Sehnsucht lebendig, die Eltern wieder versöhnt zu sehen. Törichterweise schien ihr die Schönheit des Ortes geeignet.

Was sich um sie herum abspielte, verstand sie nicht, verdrängte es, oder es beförderte sogar unbewusst ihren Wunsch, eine Begegnung ihrer Eltern zu provozieren. Mit Wilhelm lief sie am nächsten Morgen die staubige Landstraße entlang, bis sie im Dorf die erste Telefonzelle fanden. Von dort aus rief sie ihre Mutter an. Die Nummer wusste sie auswendig. Mein Vater hat darum gebeten, dass du schon am Samstag kommst, log sie. Die ahnungslose Mutter glaubte ihrer Tochter, und so kam es, dass am Samstagabend, kurz bevor das Abendessen serviert werden sollte, das Taxi vorfuhr, dem unerwartet die Mutter des Kindes entstieg.

Sie hatte sich schön gemacht. Ein neues, klein gemustertes Jackenkleid aus matter mauve-farbener Seide machte sie schlank und passte gut zu ihrer südländischen bräunlichen Haut und ihren dunklen Augen. Sie hatte abgenommen vor Kummer über die Trennung. Ihren ondulierten Haaren sah man an, dass sie kürzlich beim Friseur gewesen war. Geschminkt war sie kaum. Die Falten um die Augen verrieten nicht nur ihr Alter, sondern die Müdigkeit und das Leid der letzten Monate. Unsicher, deutlich aufgeregt, kramte sie in ihrer Handtasche, bis es ihr gelang, dem Taxifahrer die gewünschte Summe aus dem Portemonnaie auszuhändigen.

Sie wirkte noch kleiner als sie ohnehin war, wie sie dort vor der Freitreppe des Hotels stand und nach oben schaute. Schließlich nahm sie ihren kleinen Koffer, schritt beherzt die Stufen hinauf und betrat das Foyer. Auch hier zunächst niemand. In diesem Moment kamen Vater und Tochter die Treppe herunter, um zum Abendessen zu gehen. Sowie Magda ihre Mutter entdeckte, stürzte sie auf sie zu und umarmte sie so heftig, dass diese die Möglichkeit hatte, ihre Verlegenheit zu verbergen, das Gesicht mit geschlossenen Augen in die Haare des Kindes schmiegend.

Das konnte nicht ewig dauern. Sie ließ das Kind los, richtete sich auf, ging einen Schritt auf ihren Mann zu, reichte ihm entschlossen die Hand und sagte: Guten Abend, Helmuth, da bin ich. Ihr Mann erwiderte seinerseits verwirrt und vollkommen unvorbereitet auf diesen Moment des Wiedersehens spontan den Händedruck. Ich hatte dich noch nicht heute erwartet. Komm doch bitte mit nach oben. Er nahm ihren Koffer, führte sie in das Zimmer des Kindes und sagte: Ich kümmere mich darum, welches Zimmer du bekommst. Ich werde den Schlüssel holen. Allein im Treppenhaus lehnte er sich an das Geländer und versuchte, seine Fassung wieder zu gewinnen.

Inzwischen klärte das Kind die Mutter über die geplante Überraschung auf, darüber dass ihr Mann eigentlich einer Begegnung hatte aus dem Weg gehen wollen. Ihre Mühe, sich ihm so zu präsentieren, dass sie ihm wieder gefallen könnte, erwies sich als töricht und vergeblich. Sie kam sich lächerlich vor in ihrem eleganten Kleid hier auf dem Land. Sie hatte Angst. Sie war verwundet und hatte nicht die Kraft, die Verwirrung ihrer enttäuschten Gefühle vor dem Kind zu verbergen.

Der Vater blieb länger aus als notwendig. Als er zurückkam, hatte er einen Schlüssel für ein Zimmer im oberen Stockwerk. Ich bringe deine Mutter nach oben. Du kannst solange schon nach unten gehen, sagte er zu dem Kind. Wilhelm wartet schon auf dich.

Die Eltern kamen lange nicht. Magda saß mit Wilhelm auf den Stufen der Treppe. Die anderen Gäste hatten längst zu Abend gegessen, es begann dunkel zu werden. Frau Zürs war an diesem Abend nicht zu sehen gewesen. Wollen wir zu mir gehen?

fragte Wilhelm. Ich weiß nicht. Die Kinder saßen noch immer schweigend nebeneinander, als Magdas Eltern gemeinsam die Treppe herunter kamen. Wir fahren nach Bremen und gehen dort essen, hier gibt es jetzt nichts mehr. Geht nicht zu spät schlafen, sagte der Vater. Tschüss meine Süße, die Mutter umarmte das Kind, als suche sie Rat und Hilfe bei ihm, als würde sie es gern mitnehmen.

In Bremen bei einem noblen Essen fand die erste offene Aussprache zwischen dem Ehepaar statt. Der Abend ließ die Vergangenheit lebendig werden, öffnete eine Tür für neue Hoffnung. Vielleicht später, nach einer Zeit der Trennung. Vielleicht finden wir einen Weg … Viele offene Worte, nur das eine nicht, das die unmittelbare Gegenwart betraf.

So kam es, dass die Mutter am nächsten Morgen heiter die Treppe hinab ging, guter Dinge ihr Frühstück bestellte. Sie blinzelte mit halb geschlossenen Augen in die Sonne und auf den glitzernden See. Seit Monaten das erste Mal, dass sie die Schönheit der Natur sah. Als Helmuth die Terrasse betrat, küsste er ihr galant die Hand, fragte sie, wie sie geschlafen habe. Seinen Kaffee trank er im Stehen und noch bevor die Tochter erschien, verabschiedete er sich, um seinen morgendlichen Ritt zu machen. Mit federnden Schritten ging er über den Kies zum Reitstall. Wie im Kino, dachte seine Frau und musste lächeln, weil sie die Eitelkeit seiner Bewegungen durchschaute.

Der Tag verging ohne bemerkenswerte Ereignisse und Gespräche. Das Kind zeigte seiner Mutter den Park, den See, die Tiere und erzählte von ihrer Freundschaft zu Wilhelm. Zum Mittagessen war man zu dritt in einen Nachbarort gefahren, das Mädchen vergaß seine Mission und begann sich bereits mit den Erwachsenen zu langweilen, die in seiner Gegenwart freundliche, nichtssagende Gespräche über Alltäglichkeiten führten.

Zurück im Hotel zog sich der Vater zurück, um seine Abreise für den nächsten Tag vorzubereiten, und die Mutter legte sich hin, um ein ‚Nickerchen zu machen', wie sie sich ausdrückte. Endlich wieder frei für ihren Gefährten, suchte Magda Wilhelm. Sie fand ihn in der Küche, wo er half, einen Kuchen zu backen. Meine Mutter hat Geburtstag. Heute Abend feiern wir ein Fest.

Und so geschah es. Auf der Terrasse fand bei Kerzenschein ein großes Abendessen statt, zu dem die wenigen Gäste des Hauses eingeladen waren. Magda kam mit ihrer Mutter, als ihr Vater bereits am Tisch neben Frau Zürs saß. Er winkte lässig, stellte vor: Frau Zürs, Frau Schwarz, Magdas Mutter. Die Blicke der beiden Frauen begegneten sich und beide verstanden. Frau Zürs grüßte kokett und lachte wie über einen Scherz. Magdas Mutter erstarrte. Ohne den Gruß zu erwidern, setzte sie sich an den Tisch, riss sich zusammen und begann ein belangloses Gespräch mit ihrem Tischnachbarn. Mit einer aus der inneren Panik gewonnenen Kraft blieb sie den ganzen Abend dabei, bis die letzten Gäste gingen, bis ihrem Mann nichts anderes übrig blieb, als sich von Frau Zürs zu verabschieden und seine Frau zu ihrem Zimmer in den zweiten Stock zu begleiten.

Dort vor der Tür verlor sie all ihre Contenance. Sie packte den Mann an seiner Krawatte, zerrte und schrie ungeachtet der Hotelgäste. Schrie ihm ins Gesicht, wie grausam seine Heuchelei am Vorabend gewesen sei, schrie: Womit habe ich so eine Schmach verdient! Sie schrie, wie geschmacklos es sei, sie in das Hotel seiner Geliebten einzuladen, sie mit dem gemeinsamen Kind dieser Lächerlichkeit auszusetzen.

Entsetzt riss er seine Frau in das Zimmer, schloss die Tür und versuchte mit allen Mitteln, sie zum Schweigen zu bringen. Sie schrie, bis sie heiser war, dann stürzte sie in das Zimmer ihres Kindes, weckte es weinend und packte hysterisch den Koffer, indem sie alle Sachen blindlings hinein warf. Der Vater stand zitternd in der Tür. Das vergesse ich dir nie, stieß er hervor. Raus, schrie sie wieder, warf sich gegen ihn, bis er freiwillig das Zimmer verließ. Erschöpft schlief sie auf dem Bett des Kindes ein, das mit aufgerissenen Augen auf dem Sessel vor dem Schreibtisch hockte und auf den Morgen wartete.

Noch vor dem Frühstück ließ die Mutter ein Taxi rufen, zerrte ihre widerstrebende Tochter ins Auto und sagte: Nichts wie weg. Das Taxi setzte sich in Bewegung. Der kleine Dackel von Wilhelm war, außer dem schmalen Kellner, einziger Zeuge der Szene. Der Hund lief dem Taxi nach, immer schneller, bis er zurück bleiben musste.

Der Dackel heißt Nicki, sagte das Kind schluchzend. Er liebt mich.

Ulla

Ulla hatte dicke, blonde Zöpfe und sah adrett und gesund aus. Marens Mutter, die strahlend mit den anderen Eltern hinten in der Klasse 1a stand, um der Einschulung der Kinder beizuwohnen, fasste den Entschluss, dass Ulla die richtige Freundin für ihre Maren sein sollte. Kurzerhand sprach sie deren füllige, reichlich blond ondulierte Mutter an, leicht zu erkennen, da Ulla ihr nicht nur wie aus dem Gesicht geschnitten war, sondern schon zu den gleichen Fettpölsterchen neigte. Die beiden Frauen fanden sich in heiter prätentiösem Geplauder und waren, was manche anderen Kinder der neuen Klasse anging, rasch und intuitiv der gleichen Meinung. War doch nahezu die Hälfte der ohnehin in der Minderzahl angemeldeten Mädchen aus den Nissenhütten. Das sah man doch gleich. Blasse dünne Kinder in schmuddeligen braunen Trainingsanzügen und Gummistiefeln.

Die Nissenhütten lagen am Nordende des feinen Viertels Othmarschen, gleich neben der britischen Kaserne, in der die schwarzen Soldaten aus den Kolonien untergebracht waren.

Igitt, sagte Ullas Mutter, als sie auf dem Schulhof aus Versehen in eine Pfütze trat und sich ihren schönen Kamelhaarmantel bespritzte. Schmuddelig sein, das war ihr ein Gräuel. Ja, Ulla sah auch ganz blank poliert und sauber aus mit ihrem weißen Blüschen aus der Hamburger Kinderstube, dem Kinderbekleidungsgeschäft auf der Mönckebergstraße. Marens Mutter hatte schon recht. Ulla passte gut zu ihrer Tochter, die natürlich auch ein weißes

Blüschen der Hamburger Kinderstube trug mit dem obligatorischen dunkelblauen Faltenrock.

Also wurden die beiden Mädchen nebeneinander gesetzt. Frau Gottsleben, die Klassenlehrerin, hatte nichts dagegen. Der mütterliche Beschluss, die Mädchen sich befreunden zu lassen, schien auch ihr richtig. Sie selbst hatte eher eine Vorliebe für die blonde Anke und die mageren Schmuddelkinder, die Wind und Stimmung in die Klasse brachten.

Ulla und Maren saßen stumm in der ersten Reihe und streckten brav die Hände hoch, wenn etwas gefragt wurde. Maren, ein ehrgeiziges Kind, hatte Angst vor den Mitschülern. Statt auf dem Schulhof Fangen und Versteck zu spielen, bevorzugte es, in der Pause lieber in der Klasse zu sitzen. Darin traf sie sich mit Ulla, die langsam und träge Bonbons aß, von denen sie immer reichlich hatte.

Die Freundschaft der beiden Mädchen bestand aus einem gemeinsamen Nichtstun, aber das war es dann auch. Gelegentlich wurde von den Müttern geplant, dass die Kinder miteinander spielten. Maren hatte keinen Garten, aber Ullas Eltern wohnten in einer hübschen kleinen Villa, umgeben von einer Wiese mit Apfelbäumen und Rosenhecken. Der Weg von der elterlichen Wohnung zu Ulla war eigentlich nicht weit, knapp zwei Kilometer, die einem Kind von sechs Jahren jedoch endlos lang erschienen, vor allem, weil der Wunsch dorthin zu gehen, schon nach dem ersten Besuch bei Ulla in Angst und Abwehr umgeschlagen war.

Bei Ulla war stets ein Nachbarmädchen im Garten, eine ältere Cousine von Ulla, die sportliche, große Heike, die aufpassen sollte, denn Ullas Mutter war zumeist im Haus und hielt Mittagsschlaf. Wie man später erfuhr, sprach sie dem Cognac heftig zu, sodass sie – mit nicht einmal vierzig Jahren – überraschend starb.

Das unkontrollierte Spiel im Garten verlief immer gleich. Ulla und Heike schlugen vor, Fangen zu spielen. Das Abzählen führte stets dazu, dass Maren fangen musste und natürlich die große Heike nie erwischte, ja selbst das Pummelchen Ulla war schneller und entkam durch Heimvorteil. Wenn das Spiel den beiden Einheimischen zu langweilig wurde, weil Maren unglücklich und erschöpft auf dem Mäuerchen sitzen blieb und sich weigerte, weiter hinter den beiden herzurennen, spielte man Versteck. Natürlich musste Maren suchen, denn sie hatte ja beim Fangen-Spielen verloren. Jedoch die beiden Mädchen fand sie nie wieder. Wie vom Erdboden verschluckt, blieben sie jedes Mal verschwunden.

Aus Scham hockte sich Maren unter einen Baum in Ullas Garten und knabberte an einem der Äpfel, die in der Wiese herumlagen. Wenn die anderen Kinder dabei waren, traute sie sich das nicht. Ihr taten die Zähne weh, wenn sie in den Apfel biss, und so nagte sie verdrossen und unglücklich, bis die Dämmerung kam und sie die Hoffnung aufgab, dass Heike und Ulla zurück in den Garten kommen würden.

Dann machte sie sich auf den Heimweg und erzählte ihrer beglückten Mutter, wie schön es bei Ulla war. Schade, dass du so dünne Haare hast, meinte die Mutter, Ulla hat so schöne Zöpfe.

Die taubenblaue Tante Matti

Ein Ausflug mit Tante Matti in den Botanischen Garten Planten und Blomen war trotz des schönen Wetters kein Vergnügen. Die Freundschaft der Mutter mit Matti war Außenstehenden kaum begreiflich, vielleicht nicht einmal den Betroffenen selbst. Dem Vater war sie lästig, wohl gerade weil er eine verliebte Neigung der altjüngferlichen Freundin seiner Frau spürte, ohne deren Sympathie zu erwidern. Matti – ein ‚Fräulein vom Amt' – wie die Mutter sie nicht ohne Spott nannte – arbeitete als Telefonistin. Sie war alleinstehend, hatte nie geheiratet, weil sie, wie die Mutter hinter vorgehaltener Hand berichtete, Bettnässerin sei. Gründe für diese neurotische Störung habe es genug gegeben. Das junge Mädchen Mathilde hatte mit kaum siebzehn Jahren den furchtbaren Bombenangriff auf Hamburg mitten in Billbrook erlebt – dem Zentrum der Zerstörung.

Als sie aus dem Luftschutzkeller kletterte, sah sie um sich kilometerweit nur brennende Ruinen. Die wenigen Überlebenden irrten orientierungslos umher. Ihre Eltern fand sie nicht wieder, ebenso wenig irgendetwas von ihrem Hab und Gut. Viele sind in dieser Nacht wahnsinnig geworden. Mathilde überstand den Schock zunächst leidlich. Gewitter ertrug sie jedoch ihr Leben lang nur noch unter hysterischen Qualen. Angezogen saß sie dann mit einem kleinen Notköfferchen, in dem sie ihre Papiere und ihr bisschen Schmuck bewahrte, neben der Eingangstüre ihrer kleinen Einzimmerwohnung im vierten Stock des tristen Mietshauses, das sie seit dem Kriegsende bewohnte und erst unfreiwillig verließ, als sie im Alter von sechzig Jahren ihre unverwundenen Ängste endgültig übermannten und sie den Nachbarn durch ihre nächtlichen Schreianfälle zur Last wurde.

Am Ende des Krieges war sie einer Vergewaltigung nur mit Mühe entkommen, vor einem Soldaten davon laufend, war sie gestürzt, hatte sich dabei alle vorderen Zähne ausgeschlagen, sodass der Verfolger, angeekelt durch ihr blutüberströmtes Gesicht, von seinem Opfer abließ. Eine Verlobung war gescheitert, wohl weil sie aus Scham, ihr Problem des Bettnässens damit eingestehen zu müssen, Intimität nicht zulassen konnte.

Kein Wunder also, dass sie sich der Familie anschloss, wann immer ihr die Freundin dies antrug, und das geschah zum Missfallen des Ehemanns nahezu jeden Sonntag. Ach, die Ärmste ist doch ganz allein, erklärte die Mutter und kompensierte mit dem durchaus echten Mitleid nicht zuletzt das Bedürfnis, so selten wie möglich mit dem Gatten intime Zweisamkeit zu teilen.

Das Kind wurde nicht nach seiner Meinung gefragt und hätte sie wohl auch kaum artikulieren können, zumal Tante Matti sie nicht unliebenswürdig immer wieder mit kleinen Geschenken bedachte. Tante Matti äußerte sich nie unmittelbar kränkend, aber ihr Blick, mit dem sie von der Seite geradezu schamlos mit ihren kühlen blauen Augen und den leicht nach unten gezogenen schmalen Lippen bei jeder Begegnung den anderen einer kritischen Musterung unterzog, war missgünstig und böswillig. Das Kind kannte diesen Blick, wenn er der Mutter galt, und hasste ihn, wenn er an ihr selbst entlang grapschte. Es litt ohnehin genug darunter, dass es zu pummelig war.

Tante Mattis Gesicht hatte etwas Vogelartiges, das durch die leicht gekrümmte, stets gerötete Nase noch betont wurde. Mit ihren Adleraugen entdeckte sie die kleine geplatzte Naht am Faltenrock, weil er zu eng geworden war, oder den Knopf, der schief im Knopfloch saß, weil man ihn hatte versetzen müssen.

Matti selbst war stolz darauf, dass sie stets in Taubenblau gekleidet war. Alles passte zu allem. Dass sie immer gleich aussah, war ihr wohl nicht bewusst, das Kind jedenfalls fand ihre Kleidung so langweilig wie die ganze Person und suchte hilflos zu provozieren, indem es bei den üblichen Sonntagsausflügen bunte Dinge zusammen anzog, die gerade nicht zueinander passten.

So auch an jenem Sonntag. Der Vater war auf Geschäftsreisen, und die beiden Frauen hatten beschlossen, in den allseits bei den Hamburgern beliebten Park Planten und Blomen zu gehen, wo neben Blumenrabatten schönster Art, Cafés mit dem typischen Publikum, Damen mittleren Alters, auch noch mehrere halbkreisförmige Musikpavillons der Fünfzigerjahre zum bürgerlichen Vergnügen beitrugen. Banale Kurkonzert-Musik schaukelte das Publikum in grauen Kostümen und blauen Blazern in wohlig heitere Stimmung.

Auf dem Spazierweg spann das Kind zwischen hohen Hecken, die kleine Becken mit Springbrunnen wie Zimmer umschlossen, Träume von orientalischen Palästen, die es allein bewohnen würde.

Für kindliches Vergnügen war sonst kaum gesorgt, sodass die Freude sich in der Regel auf den Eisbecher mit Sahne beschränkte, der wiederum auch nicht ohne vorherige Diskussion wegen des Pubertätsspecks bestellt werden konnte.

Tante Matti und die Mutter hatten gigantische Nusstorten vor sich, deren Sahnegehalt trotz manch überflüssiger Kilos der Damen zum Ärger des Kindes offenbar weniger Kalorien enthielt als das Sahnehäubchen auf dem Eisbecher.

Das Kind zerstreute sich, indem es den Spatzen, die um den Tisch herum hüpften, seine Eiswaffel hinkrümelte und freute sich an der possierlichen Frechheit eines der kleinen Vögel, der sich auf den Tisch wagte. Tante Mattis strafender Blick, begleitet von einer heftigen Geste und einem unwilligen Zischen, verjagte den kleinen Genossen zur Enttäuschung des Kindes.

Die Mutter schaute mit leichtem Bedauern und einem entschuldigenden Lächeln zu ihrer Tochter, überließ sich dann aber sogleich wieder dem Geplauder ihrer schnippischen Freundin. Nicht so leicht zu entmutigen war der Spatz. Mit schräg geneigtem Köpfchen saß er auf der Lehne eines Stuhles am Nachbartisch, um plötzlich unerwartet zum ersten Tisch zurückzufliegen. Auf dem Teller von Tante Matti lag verlockend die Nusstorte, nicht einmal zur Hälfte verspeist. Der Vogel packte den Kuchen mit dem Schnabel am hinteren Tortenrand und flog, leicht flatternd durch das Gewicht seiner Beute, zielsicher in das Innere einer Rosenhecke.

Die wütende Röte, die Mattis Vogelgesicht überzog, das spontane Lachen der Mutter und anderer Gäste nahmen dem Kind alle Hemmungen, seine Schadenfreude zu genießen. Es schrie vor Lachen, bis die Mutter beschämt dem ungezogenen Gejohle des Kindes Einhalt gebot. Das Kind hat Planten und Blomen nie mehr betreten, ohne sich an Tante Matti und den Spatz zu erinnern.

Ein Garten für Marion

So heißt ein Kinderbuch, das ein wohlmeinender Onkel mir schenkte. Ich bekam dieses Danaergeschenk, weil wir keinen Garten hatten und ich mir sehnlich einen wünschte.

Meinen Freunden ist meine Manie, unbedingt draußen sitzen zu wollen, nicht selten lästig und unbegreiflich. Der erste Sonnenstrahl im Februar veranlasst mich, das Frühstück auf dem Balkon einzunehmen, trotz der missmutigen Gesichter meiner Familie, die in Wintermänteln friert und sich die Hände an den Kaffeetassen zu wärmen sucht, triumphiere ich mit dem mir eigenen Hang zur Tyrannei, wenn es um das Glück geht, im Freien zu sitzen. Und glücklich bin ich in diesen Momenten. Ich recke mein Gesicht in die blassen Sonnenstrahlen und genieße – unempfindlich gegen die Stimmung der anderen –, atme schlürfend die frische Luft, schwärme von dem herrlichen Blick auf die kahlen Büsche, die sich wie Ikebana-Gestecke um unseren Tisch dekorieren.

An Herbstabenden plage ich Freunde und laufe durch die halbe Stadt, bis ich ein Lokal finde, das noch ein paar Stühle im Freien hat, und bestehe darauf, wenigstens den Aperitif, wenn nicht noch die Vorspeise in der nächtlichen Abendluft zu verzehren. Selig himmele ich den Mond an, und es kommt durchaus vor, dass ich draußen allein sitze, bis die Kälte auch mich der romantischen Euphorie beraubt, und ich mit verklärtem Lächeln zu den anderen an den längst gedeckten Tisch zurück kehre, mit dem sicheren Gefühl, dass den Stubenhockern etwas entgangen sei.

Die Gründe für diese Leidenschaft liegen lange zurück in meiner Kindheit. Wir hatten keinen Garten, und obwohl ich, seit ich erwachsen wurde, nie mehr auf diese Freude verzichten musste, blieb mir bis heute die ängstliche Sorge, auf keinen Fall eine Gelegenheit zu verpassen, die es ermöglicht, unter freiem Himmel zu sitzen.

Die Wohnung meiner Eltern lag im ersten Stock eines Zweifamilien-Hauses, dessen Besitzer, Holzners, im Erdgeschoss wohnten. Entgegen der Warnung der Vormieter, die Hausbesitzer seien Querulanten und ein friedliches Miteinander sei selbst dem nachsichtigsten Menschen unmöglich, hatte man die schöne Wohnung bezogen, nicht zuletzt, weil durch den Bedarf der britischen Besatzung große Wohnungen in grüner Lage kaum zu bekommen waren. Die Vormieter behielten recht. Ein langer Streit begann, der erst mit dem frühen Tod der Hausbesitzer endete. Anlass war der Garten. Vergeblich hatte sich mein Vater bemüht, wenigstens den Vorgarten zu mieten. Der Wunsch war bescheiden genug, das schlichte quadratische Rasenstück ging zur Straße, war von einer Buchenhecke gesäumt und durch eine große Eiche beschattet. Mir schien dieser grüne Fleck Inbegriff der Seligkeit, denn ich durfte nicht einmal innerhalb des Grundstücks vor der Pforte auf dem Kanaldeckel mit meiner Puppe spielen, geschweige denn mit dem Ball neben der Haustüre an der Wand.

Marion soll auf der Straße spielen wie andere Kinder auch, sagten Holzners. Nur gab es auf der

Straße keine anderen Kinder, denn in dieser Gegend hatten alle Häuser große Gärten, und niemand war auf dem Bürgersteig außer mir.

Wir hatten aber einen Küchenbalkon, der war immerhin so groß, dass ein Tisch und vier Stühle Platz hatten. Dort saß ich oft untätig mit meiner Puppe Elfi. Es gelang mir nicht zu spielen, die Sehnsucht, nach unten zu gehen, raubte mir alle Phantasie. Ich wollte Dreirad fahren und den hölzernen Puppenwagen schieben, den mein Vater mir geschreinert hatte. Zudem hatte ich einen großen schwarzen Stoffhund auf Rädern, den man aufziehen konnte, sodass er von selbst herumrollte und geradezu lebendig aussah. Den hatte meine Mutter mir zum Trost geschenkt, weil ich in den Ferien einen Dackel lieb gewonnen hatte. Natürlich war es verboten, in dieser Wohnung Tiere zu halten.

Ich hatte keine Spielgefährten, und das war es, was die einsamen Stunden auf dem Balkon, der nach Norden ging und für das Hamburger Klima immer zu kalt und zu zugig war, unerträglich machte. Denn unter mit erstreckte sich nicht allein ein wunderschöner Garten über mehrere hundert Meter bis zu den Bahngleisen, nein, da saß auch noch Beate, genau in meinem Alter, mit braunen Zöpfen, aufgestachelt von ihren Eltern und ärgerte mich, die ich nur den einen unerfüllten Wunsch hatte, mit ihr dort unten in ihrem Paradies zu spielen. Da war zunächst der Hof mit den Garagen, auf dem Pflastersteine zu Hinkepot verlockten, dann hing zwischen großen Hecken, die den Hof zum eigentlichen Garten abgrenzten, eine Schaukel, auf der triumphierend Beate saß. Den einen Fuß hatte sie auf einem Roller und den anderen auf einem Dreirad. Weil auch sie sich langweilte, amüsierte sie sich damit, mir mit hämischer Stimme unermüdlich hinaufzurufen: Ätsch, das ist man mein Garten.

Hinter der Schaukel lag ein Wiesenstück mit Apfelbäumen, und im Anschluss daran war durch eine weiß blühende Hecke ein Sitzplatz abgegrenzt, vor dem ein blau gestrichenes Planschbecken lag, aus dem an heißen Sommertagen die juchzenden Schreie Beates auf unseren Küchenbalkon tönten.

Hinter der Hecke ging der Garten noch weiter. Ich wusste das, obwohl man es von oben nicht sehen konnte, weil die Hecke zu hoch war. Ein kleiner Gemüsegarten mit Johannisbeersträuchern war da, und schließlich endete das Grundstück mit einer Wiesenböschung an einem hohen Zaun, der vor den Bahngleisen schützte. Auf dieser Böschung, die sicher kaum einen Meter hochstieg, mir als Kind aber als eine Art Berg erschien, wuchs eine mächtige Eiche von der Schönheit und Kraft, wie man sie nur im Norden Deutschlands findet.

Wenn Beates Eltern verreisten, schlich ich mich ohne Wissen meiner Eltern hierher. Da habe ich dann einige Male im Gras gelegen, ganz flach, dass man mich nicht sah, und durch die Äste der Eiche aus Wolkenbildern Geschichten erdacht.

Onkel Karl, ein Cousin meiner Mutter, beglückte mich dann eines Tages mit dem Kinderbuch ‚Ein Garten für Marion'. Ich habe ihm dieses Danaergeschenk nie verziehen, in dem eine Cello spielende Marion in den glücklichen Besitz eines blühenden Gartens kam. Meine Wut gegen Beate blieb ohnmächtig, aber das Schicksal war grausamer, als ich es mir in meiner kindlichen Phantasie je ausgemalt hatte.

Mit weniger als neun Jahren verlor sie ihren Vater durch einen Herzinfarkt, und kein halbes Jahr später kam ihre Mutter bei einem Autounfall um, den sie selbst mit knapper Not überlebte. Beate musste in ein Internat, das Haus, das ihr eigentlich gehörte, wurde einer Verwaltung übergeben, die elterliche Wohnung vermietet.

Nun stand sie hin und wieder, wenn sie das alte Hausmeister-Ehepaar im Dach besuchte, oben an der Mansarde und blickte in den Garten, den sie mir verwehrt hatte. Ich aber saß am Rande der Sandkiste unter den Johannisbeerbüschen und spielte mit den Kindern der neuen Mieter. Mitleid habe ich als Kind nie mit ihr empfunden.

Das Haus

Es war fast dunkel, als sie vor dem Haus hielten. Der Junge blieb hinter den Erwachsenen zurück. Die Hecken waren sehr hoch und ließen zunächst keinen Blick auf das Haus zu. Er trat vorsichtig auf die unregelmäßigen Steinplatten des Weges, der hinter der dunkelroten Holzpforte durch den Garten führte. Er versuchte, seine Füße stets auf eine Platte zu setzen, ohne die Ränder der Steine mit seinen Schuhen zu überschneiden. Die Luft roch nach Laub und nasser Erde, es war Ende Oktober. Feuchte Zweige streiften sein Gesicht. Als er vor dem Hauseingang stand, war ihm seltsam wohl. Er stieg die Steinstufen hinauf in den Windfang aus bunten Glasscheiben, beleuchtet von einer grünlichen Glaslaterne. Die Eingangstür stand halb geöffnet, die Stimmen der anderen hörte er entfernt und leise.

Im Haus war es dämmerig. Er ging langsam durch die Räume des Erdgeschosses. Dunkle Holzmöbel und Bücherwände bis an die stuckierten Decken, dunkle Dielen, dunkelrote geschlossene Samtvorhänge. Dann ein neuer Flur, auch hier dämmriges Dunkel. Wieder versuchte er in kleinen Schritten der Symmetrie der bunten Fliesen gerecht zu werden. Am Ende des Flurs eine Tür, die sich zu einer kleinen Loggia öffnete, von der eine vierstufige Freitreppe in den Garten zurückführte. Er ging die Stufen hinab und schritt über den Kiesweg auf zwei hohe Eiben zu. Ausladende Rhododendron-Büsche versperrten den Blick. Er ging vorbei an den düsteren Gewächsen bis zu einem eisernen Zaun, der das

Grundstück umschloss. Als er sich jetzt umwandte, sah er auf die dunkle Villa, auf die matt erleuchteten Fenster, deren rote Vorhänge kaum Licht durchließen. Er lehnte sich an den Zaun, und es überfiel ihn eine tiefe Sehnsucht, in das Haus zurückzugehen, um dort zu bleiben, dort in der matten Dunkelheit. Er wollte auf den dunklen Holztreppen in die oberen Geschosse gehen und wieder zurück auf die kleine unbeleuchtete Loggia in den dunklen Garten.

Seine Eltern riefen ihn. Er schloss die Augen. Er prägte sich das Bild tief ein, den dunklen Garten und das dunkle Haus, das er zu lieben begonnen hatte. Seine Eltern mieteten es nicht. Die Sehnsucht nach diesem Haus verließ ihn nie.

Max oder der erste große Kummer

Kurz vor Sonnenuntergang, wenn die Touristen das Ausgrabungsgelände verlassen, wird das kleine, griechische Theater in Taormina zu einem der schönsten Orte der Welt.

Das archäologische Kleinod ist umgeben von üppiger Vegetation, selbst in den Wintermonaten nach dem Jahreswechsel – der Primavera siciliana – blühen Blumen in allen Farben, tief unter den Mauern liegt das Meer, und seitlich erhebt sich als Kulisse der mythenumwobene Ätna mit seiner Schneekrone.

Während eines Studienaufenthalts auf Sizilien vor etlichen Jahren machte ich es mir, solange ich in Taormina wohnte, zu einer lieben Gewohnheit, jeden Abend hierher zugehen und in der Odyssee zu lesen, bis der Wärter mich und die wenigen verbliebenen Gäste aufforderte, das Gelände zu verlassen.

In diesen Wochen beobachtete ich nahezu jeden Abend ein sehr junges Paar mit einem kleinen, vielleicht vierjährigen Mädchen. Auch sie suchten offenbar diese Stunden der Ruhe und Einsamkeit. Ich vermutete, dass sie Studenten oder vielleicht auch schon Archäologen waren. Sie ließen sich Zeit, waren in intensive Gespräche vertieft und hatten etliche Bücher bei sich. Die junge Frau machte eifrig Notizen.

Während die jungen Eltern Stein für Stein betrachteten und diskutierten, lief die Kleine still vergnügt auf den Stufen des Theaters entlang. Manchmal sang sie vor sich hin. Sie vergnügte sich, die Treppen hinauf zu klettern und die Stufen einzeln hinab zu springen. Gelegentlich stellte sie sich auf einen Mauerrest oder eine Säulentrommel und rief stolz nach ihren Eltern, die mit freundlichem Rufen oder Applaudieren reagierten.

Mich umstrich sie mit einer gewissen Neugier, aber auch Scheu. Nur einmal wagte sie sich ganz nah, hielt das kleine braune Bärchen hoch, das sie stets mit sich herum trug und sagte: Hei, das is Max, der mag die Trommels, und ich bin Nane. Gleich danach lief sie wieder zu ihrem Vater und kuschelte sich an ihn. Wie jeden Abend, bevor es zu dunkel wurde, lasen ihr die Eltern noch etwas vor.

Ich verließ das Theater vor ihnen, winkte der Kleinen von Weitem und rief: Ciao Max, ciao Nane. Das Kind wedelte mit dem braunen Bärchen in der Luft, und seine Eltern lachten.

Am nächsten Abend kam die Familie zu meiner Enttäuschung nicht. Die zaghafte, freundliche Begegnung mit dem Kind und seinen jungen Eltern hatten mich in meiner Einsamkeit erfreut. Auf dem Rückweg in meine Pension sah ich an der Tür der Bar, in der ich in alter Gewohnheit auf einen Campari einkehrte, einen Zettel hängen, auf dem genau so ein kleines Bärchen gemalt war, wie die Kleine es durch die Gegend geschleppt hatte.

In fehlerhaftem Italienisch stand darunter, dass Bärchen Max im griechischen Theater geblieben sei und ob jemand es vielleicht gefunden habe. Eine stattliche Belohnung wurde versprochen, weit mehr als ein Stofftier kosten konnte, wenn man das Bärchen in die Pension Sirena bringen würde. Ich sah den Zettel später an allen möglichen Orten und Türen in Taormina. Sinnloserweise habe ich mich selbst auf den Weg gemacht, um das Theater abzusuchen.

Als ich eine Woche später nach Agrigent fuhr, um dort das Tempelgelände zu studieren, sah ich die junge Familie wieder. Die Kleine trottete an der Hand ihres Vaters neben den Eltern her. In der freien Hand hielt sie einen riesigen hellblauen Bär, zu bunt und ein wenig kitschig, wie man ihn auf italienischen Jahrmärkten findet.

Die Kleine sah blass und verdrossen aus, der große blaue Bär schleifte über den Boden. Als sie mich sah, erwiderte sie meinen Blick, ernst und untröstlich.

Das Kind und der Klavierspieler

Das alte Dekanat und das neue Rathaus stehen so nahe nebeneinander, dass man von der Küche und dem Kinderzimmer der jungen Familie, die in das alte Gebäude eingezogen ist, unmittelbar in den großen Ratssaal schauen kann.

Das jüngste Kind der Familie, ein zartes schüchternes Mädchen, schien Freude daran zu finden, die Ereignisse im Saal zu beobachten. Stundenlang stand es auf seinem Kinderstuhl und schaute zu, wenn drüben Trauungen vollzogen wurden, große Empfänge oder Konzerte stattfanden. Oft setzte es sich dann an den Küchentisch und malte mit bunter Kinderkreide die festlichen Ereignisse. Wenn ich groß bin, werde ich Bürgermeisterin, sagte es.

Kurz vor Schulbeginn wurden die Bilder des Kindes merkwürdig eintönig. Es malte den großen schwarzen Flügel auf dem blauen Auslegeboden und davor einen Mann von hinten, sonst nichts. Auf die Frage der Mutter, warum es keine schönen Feste mehr male, antwortete es: Das ist doch auch schön. Ich male Musik.

Es dauerte einige Wochen, ohne dass sich etwas änderte. Das blasse müde Aussehen des Kindes schoben die Eltern auf den ungewohnten Schulalltag, bis die Mutter eines Nachts entdeckte, dass ihre Tochter im Dunkeln an ihrem offenen Kinderfenster stand und in das Rathaus hinüber sah. Drüben sah man in dem kaum beleuchteten Ratssaal einen Mann am Flügel sitzen und spielen.

Das Kind wandte sich um, die Mutter trat neben es, griff seine Hand und lauschte mit ihm einer Beethovensonate, die so wunderbar gespielt war, dass die Mutter staunend schwieg. Der Mann, der sich unbeobachtet fühlte, spielte immer weiter, neben dem Flügel stand der Staubsauger, und sie begriff, dass es der Putzmann war, der hier heimlich seiner Leidenschaft nachgab.

Mama, der Mann spielt jeden Abend so schön. Erst putzt er und dann spielt er. Warum kann er nicht auch am Tag spielen, wenn die Feste in dem Saal sind? Wahrscheinlich, weil er nur zum Putzen angestellt ist und eigentlich gar nicht auf dem Flügel spielen darf, antwortete die Mutter.

Das verstehe ich nicht, er spielt viel schöner als die, die ich am Tag gehört habe. Du hast recht, das ist sehr ungerecht. Aber jetzt musst du schlafen. Nein, dachte das Kind. Aber nach einigen Tagen bemerkte es, dass der Mann nicht mehr spielte, er putzte auch nicht mehr, sondern das Kind sah eine Frau mit einem Kopftuch. Der Klavierspieler kam nie wieder.

Du bist doch schon ein großer Junge

Meine Mutter meint, ich sei damals erst vier Jahre alt gewesen. Ich glaube das nicht, denn meine kleine Schwester war schon auf der Welt. Ich erinnere mich noch genau an diesen Nachmittag kurz nach Weihnachten. Meine Mutter hat mir immer wieder davon erzählt, aber ich habe die Geschichte anders in Erinnerung.

Ich sollte mich freuen. Mein Mutter sagte, nun freu dich doch. Du darfst Ski fahren, du darfst das ganze Wochenende Ski fahren. Ich kann doch noch gar nicht Ski fahren, antwortete ich, und ich kenne Markus eigentlich nicht. Ich glaube jedenfalls, dass ich so etwas sagte.

Du hast ihn doch schon oft gesehen, und er ist schließlich dein Vater. Ich freue mich, dass er mit dir Skilaufen gehen will. Es wird sicher schön, und du lernst ihn dann auch besser kennen. Das oder Ähnliches sagte meine Mutter. Ich glaube, sie sagte es so. Immer wieder hatte sie diesen Gedanken, dass ich meinen Vater Markus besser kennenlernen solle. Es war natürlich gut von ihr gemeint. Heute weiß ich, wie gut sie es damit meinte, dass ich meinen leiblichen Vater kennenlernen sollte. Und wie schwer es ihr fiel. Mir machte diese Skireise damals nur Angst. Ich wollte zu Hause bleiben.

Meine kleine Schwester saß unter dem Weihnachtsbaum und schlug auf einer Trommel herum. Ich meine es noch zu hören: drom, drom, drom. Ich sollte weg, und sie durfte bleiben, durfte unter dem Tannenbaum bleiben und trommeln. Ich sollte mich auf das Skilaufen freuen. Noch heute ist mir Skilaufen ein Gräuel. Ich habe Angst vor der Geschwindigkeit, mich schreckt die Kälte. Ich bin vollkommen unsportlich.

Du bist doch schon ein großer Junge, sagte meine Mutter, das sagte sie oft. Mach kein Theater. Es ist ja nur ein Wochenende.

Ich freue mich doch, hätte ich dann wohl schließlich laut gerufen, sagt meine Mutter. Sie behauptet sogar, ich hätte mich unbändig gefreut. Ich hätte meinen Anorak geholt und den neuen grünen Schal von Weihnachten mit der passenden Mütze und den passenden Handschuhen schon angezogen. Im Flur hätte ich dann mit meinem Rucksack gewartet.

Meine Schwester schlug unverdrossen auf der Trommel herum. Vielleicht fing ich tatsächlich an, mich zu freuen. Ich glaube aber, ich wollte nur, dass meine Mutter sich freut. Sie erinnert sich, ich sei ganz vergnügt gewesen und hätte ein Lied gesungen: Juchhe, der erste Schnee. Das hätte ich immer im Winter gesungen.

Ich habe in Erinnerung, dass ich nur Angst hatte, Angst vor meinem Vater Markus, den ich eigentlich nicht kannte, Angst vor dem Skilaufen und überhaupt Angst, von zu Hause fortzugehen. Ich erinnere mich genau, ich wollte zu Hause bleiben, aber meine Muter sagt, ich sei ganz glücklich gewesen, so glücklich, dass ich schließlich meinem Vater Markus mit dem Fahrstuhl entgegen fahren wollte. Ich freute mich angeblich so.

Markus holt dich um 11 Uhr ab. Ich warte unten, habe ich wohl gesagt. Ich glaube, es stimmt, ich wollte die Trommel meiner Schwester nicht mehr hören und meine Mutter nicht mehr sehen, die sagte, dass ich mich freuen solle, von zu Hause wegzugehen und mit Markus Ski zu laufen.

Darum fuhr ich mit dem Fahrstuhl nach unten und wartete in der Kälte vor der Tür. Ich erinnere mich, dass ich unten vor der Tür stand und alle Kraft der Welt brauchte, um nicht zu weinen. Ich ging auf die andere Straßenseite, um zu unserer Wohnung nach oben zu schauen. Da stand meine Mutter und winkte. Ich glaube zu erinnern, dass sie nicht mehr so begeistert aussah wie oben in der Wohnung.

Ich glaube, sie sah traurig aus, und ich glaube, dass mich das tröstete. Ich stand also und wartete mit meinem kleinen Rucksack und den Skiern, die ich krampfhaft im Arm hielt. Die Stöcke waren daran festgebunden, aber sie rutschten immer wieder zur Seite, wenn ich die Hand hob und meiner Mutter am Küchenfenster zuwinkte.

Es war kalt, und ich begann zu frieren, so sehr, dass ich vielleicht sogar zu wünschen begann, Markus möge endlich kommen. Es soll los gehen, dachte ich vielleicht, die Reise mit dem fremden Vater und das Skilaufen.

Nach einer Zeit, die mir sehr lang vorkam, holte mich meine Mutter wieder nach oben. Komm, mein Schatz, warte oben, es ist zu kalt. Dann habe ich wohl oben im Flur noch lange auf meinem Kinderstuhl gesessen. Ich hätte stundenlang geweint, sagt meine Mutter. Ich möchte so gerne Ski laufen. Ich habe mich doch so gefreut, soll ich immer wieder gesagt haben, erzählt meine Mutter.

Als es Mittagessen gab, weigerte ich mich, mit zu essen. Meine Schwester machte ihren Mittagsschlaf und trommelte nicht mehr. Ich blieb störrisch im Anorak auf meinem Kinderstuhl im Flur sitzen. Irgendwann telefonierte meine Mutter wohl, erreichte aber niemanden. Mein Vater Markus hatte die Verabredung mit seinem Sohn vergessen. Sie fiel ihm erst drei Tage später wieder ein. Schade, sagte meine Mutter, aber das Skilaufen muss man wohl noch mal verschieben.

Wo wir uns bilden, da ist unser Vaterland

Das Gymnasium für Mädchen befand sich damals noch in einem Altbau aus dem Jahre 1901 am Ende der kleinen Einkaufsstraße eines Hamburger Elbvorortes. Das Gebäude – inzwischen renoviert und von innen modernisiert – steht heute unter Denkmalschutz und gehört zu den Häusern, die gefallen. Damals drang die düstere Atmosphäre der Innenräume, denen der Muff der Jahrhundertwende anhaftete, noch nach außen. Die schmutzige, bröckelige Nachkriegsfassade bewog wenige Schülerinnen, ihren Blick auf die Inschrift über dem Eingang zu lenken, obgleich die schmucken Jugendstil-Lettern wohl das einzig Ansprechende des Eingangs waren. Dort stand das Goethe Zitat: ‚Wo wir uns bilden, da ist unser Vaterland', das passte in ironischer Weise zu dem pädagogischen Impetus der altjüngferlichen Lehrerinnen, die, mehr oder weniger geschädigt durch ihre Nazivergangenheit als BDM-Führerinnen, sich aus ihrer politischen Verunsicherung in einen sentimentalen Patriotismus retteten.

Statt des Morgengebets, mit dem die Schülerinnen der Gründerjahre ihren Schultag zu beginnen hatten, wurde in den Fünfzigerjahren der Brüder und Schwestern in der Ostzone gedacht. In den Klassenräumen standen noch die alten hölzernen Schulbänke, in die man zu zweit hineinkletterte, an der Seite ein Haken für den Ranzen, im Rücken eine Holzleiste, die verhinderte, dass man sich anlehnen konnte, die Tischplatte schräg, ein Loch für das Tintenfass, das es nun allerdings nicht mehr gab.

Preußische Zucht jedoch war geblieben, gerade sitzen, nicht schwatzen, nicht kichern. Geschlagen wurde nicht mehr, aber der Rohrstock lag als Zeigestock wie eine stille Drohung auf jedem Lehrerpult. Die Lehrerinnen trugen im Wesentlichen graue Kostüme in strengem Herrenschnitt, die auch durch die modischen Spitzenblusen nichts Weibliches ausstrahlten, sondern die zumeist lesbische Neigung verrieten.

Marianne war ein dickliches, im Grunde ängstliches Kind. Wegen ihrer zickigen Manieren in der Grundschule hatte sie unter den bösen Buben so gelitten, dass sie beseligt in das klösterliche Ambiente des Mädchen-Gymnasiums gewechselt hatte. Die Angst, verhauen und durchgekitzelt zu werden, war genommen, aber fröhlicher war der Schulalltag nicht geworden. Die herbe Klassenlehrerin, die neben Deutsch und Religion auch Sport unterrichtete, verteilte ihre Sympathien auf dem Völkerballfeld. Mariannes Angst vor dem harten Lederball bewirkte immerhin, dass sie bei den Mannschaftsspielen zu den Letzten gehörte, die ‚abgebackt' wurden, wie man in Hamburg sagt.

Am Reck hing sie wie ein kleiner nasser Sack, und der große Kasten mit dem harten Lederdeckel jagte ihr so viel Angst ein, dass sie sich nie überwinden konnte, schwungvoll darauf zuzulaufen und hinüberzuspringen. Jedes Mal zögerte sie vor dem Absprung und schlug mit den Innenseiten der Schenkel schmerzhaft auf die Kanten. Hinter dem Kasten standen auf der einen Seite bedrohlich das gefürchtete Fräulein Ruppich und auf der anderen eine ihrer sportlichen Lieblingsschülerinnen, um

Hilfestellung zu leisten. Mit ihren kurzfingrigen, breiten Händen packte die Lehrerin roh und unangemessen intim einen Oberschenkel und zog die ungeschickte Schülerin den restlichen Weg über den Kasten. Ein verächtlicher Blick aus den dicken Brillengläsern erhöhte die Blamage, die sportliche Helferin pflegte nur zu lächeln, so, als wäre jedes Versagen einer ihrer Mitschülerinnen ein Sieg der eigenen Sportlichkeit.

Dass Marianne gelenkig war, beim Bodenturnen ohne Mühe akrobatische Verrenkungen machte, graziös über den Balancier-Balken schwebte und bei allen gymnastischen Übungen tänzerisches Talent zeigte, gereichte ihr eher zum Nachteil. Bei einem Klassenfest zur Faschingszeit hatte sich Marianne in einem Zigeunerkostüm von der Musik hinreißen lassen und selbstversunken eine Tarantella getanzt. Mit siegesgewissem Lächeln hatte sie sich verbeugt, doch als sie atemlos und selig wieder aufsah und den spöttischen Augen ihrer Klassenkameradinnen begegnete, wurde ihr Sieg zur Blamage. Ein kleines quadratisches Schwarzweiß-Foto, das sie in tänzerischer Verrenkung zeigt, löste noch Jahrzehnte später Schamgefühle in ihr aus.

Kerstin und Ingelotte, langbeinig und dünn, waren die schnellsten Läuferinnen, sprangen in dem großen Sandbeet hinter der Schule weit über vier Meter, während Marianne es kaum über zwei Meter brachte. Diese beiden waren es auch, die für Völkerball oder Brennball, Feldspiele, die zu Beginn jeder Sportstunde üblich waren, als erbarmungslose Offiziere von Fräulein Ruppich die Mannschaften wählten. In einiger Entfernung stellten sie sich gegenüber und näherten sich dann langsam, immer abwechselnd einen Fuß unmittelbar vor den anderen stellend. Diejenige von ihnen, die als letzte den ganzen Fuß setzen konnte, durfte zuerst unter den Klassenkameradinnen ihre Mitspielerin auswählen. Das Ritual und die Reihenfolge der Schülerinnen blieben über Jahre gleich. Es waren immer dieselben, die begehrt waren, und immer dieselben, die als letzte mit lauten Unmutsäußerungen übernommen wurden. Marianne gehörte stets zu denen, die bei der gegnerischen Gruppe Schreie der Begeisterung auslösten, weil man sie nicht hatte nehmen müssen.

Die Schmach dieser Erniedrigungen wirkte verändernd auf ihr Verhalten. War sie in der Grundschule als ernsthafte und ehrgeizige Streberin unbeliebt gewesen, kompensierte sie ihr Versagen jetzt durch aufgesetzte Bockigkeit und naive Albernheit, mit der sie in den anderen Schulstunden versuchte, ihren Mitschülerinnen Eindruck zu machen. Obwohl sie gerne las und der Deutschunterricht ihren Neigungen und Fähigkeiten entsprach, verweigerte sie sich, weil sie schnell begriffen hatte, dass sie bei dieser Deutschlehrerin nie eine andere Rolle spielen würde als die, die sie in der Sportstunde einnahm. Antipathie und herrische Strenge, die ihr entgegenschlugen, lähmten sie und machten dieser Lehrerin gegenüber alle Versuche, durch Trotz Stärke zu beweisen, zu einem hilflosen Aufbegehren, das selbst bei den schlechten Schülerinnen wenig Bewunderung oder gar Zuneigung auslöste.

Mehr Glück hatte Marianne in den Musikstunden oben in der großen Mansarde der Schule. Fräulein Glocke, eine alterslose, hagere Jungfer mit grauen, im Nacken geknoteten Haaren, war in ihrer hysterischen Hilflosigkeit ein willkommenes Opfer für kindische Frechheiten. Während die Schülerinnen lärmend die Treppe zu dem abgelegenen Musiksaal hinaufstürzten, pflegte sie mit leicht angehobenem Kopf und zur Decke gewandtem Blick auf dem schwarzen Steinwayflügel zu spielen, in der Hoffnung, die unbarmherzige Horde durch ihr Spiel beim Eintritt in den Raum zu Ruhe und Besinnung zu bringen.

Ihr schmales Gesicht mit schweren Augenlidern über braunen, aber glanzlosen Augen, einer feinen, leicht gebogenen Nase, einem wohlgeformten, aber blassen Mund wäre von dekadentem Reiz gewesen, wenn nicht der prätentiös pathetische Ausdruck provozierend und unangenehm gewirkt hätte. Wenn sie jähzornig auf die Schülerinnen einschrie – und zu so einem Ausbruch kam es nahezu in jeder Stunde – sah man ihre schlecht stehenden Zähne, und ihr Gesicht bekam etwas Hexenhaftes. Die verhinderte Künstlerin war nervlich dem Unterrichten der Kinder nicht gewachsen. Es bedurfte nur einer Kleinigkeit, und sie schlug zur Freude der ganzen Klasse mit den Fäusten auf den Flügel und brach in lautes Schluchzen aus.

Die Mädchen genossen mit kindlicher Grausamkeit den Triumph, andere schwächer als sich selbst zu erleben. Der Unterricht begann stereotyp mit einem Kanon, der Marianne auf den Einfall gebracht hatte, aus der Not eine Tugend zu machen. Sie besaß eine schöne und kräftige Stimme, war aber eigentümlich nur mit einer passiven Musikalität begabt, sodass sie Melodien sicher erkannte und erinnerte, aber beim aktiven Singen immer wieder zu ihrem eigenen Erschrecken den falschen Ton traf. Beim Kanon-Singen löste dieser Missklang Fräulein Glockes Verzweiflung aus. Nur einmal ging das Spiel zu weit. Am Ende ihrer Kraft war das weinende Fräulein unter dem Gejohle der Klasse davon gestürzt und hatte sich in den Schutz der Direktorin begeben.

Die vier schlimmsten Übeltäter, zu denen Marianne gehörte, wurden in das Allerheiligste der Schulleitung bestellt. Dieses Zimmer lag gleich im Parterre links und war sicher das freundlichste und hellste, weil es ein Eckzimmer mit Erker war, das auf diese Weise von drei Seiten Licht bekam. Die Freundlichkeit des Raumes kontrastierte in furchterregender Weise mit dem Erlebnis, das den vier Sünderinnen bevorstand. Die Direktorin, die zwei Jahre später in einem Disziplinarverfahren aus allen Diensten entlassen wurde, hatte den brutalen Stil der Nazizeit beibehalten. Den Mädchen, die den Raum noch kichernd und mit verhaltener Schadenfreude betreten hatten, verging das Lachen, als sie sich ihrer Direktorin gegenüber sahen.

Bisher hatten sie die große, kurzhaarige Frau mit dem finster farblosen Gesicht nur von Weitem in der Aula erlebt, wenn sie um Ostern mit einer zu Fleiß und Gehorsam mahnenden Rede das Schuljahr eröffnete. Mit schneidender Stimme forderte sie die Kinder, noch hinter ihrem Schreibtisch sitzend, auf, sich ihr gegenüber an die Wand zu stellen. Jetzt erhob sie sich langsam und ging mit eisigem Blick schweigend auf die Täterinnen zu. Die Atmosphäre glich einer Exekution, und die Mädchen haben wohl nur deshalb nicht geweint, weil ihnen die Angst die Kehle zuschnürte. Unmittelbar vor ihnen schrie die Schulleiterin in schriller, überschnappender, von Wut zerfetzter Stimme auf die Mädchen ein. Mit energisch stampfendem Schritt ging sie, sich zu jeder Einzelnen wendend, vor ihnen hin und her und kreischte spuckend jeder ihre Schande und ihr Verbrechen ins Gesicht. Kein Wort von dem, was sie sagte, blieb den Kindern in Erinnerung, nur Ekel und Angst und der verzweifelte Wunsch, die Wand, an die sie sich pressten, möge hinter ihnen nachgeben. Raus, raus, raus: diese Schreie eines perversen Hasses auf die Kinder war ihnen Erlösung.

Gegeneinander stolpernd rannten sie aus dem Zimmer, brachen wohl draußen in entspannendes Weinen aus und verbargen sich irgendwo im Schulgebäude vor den anderen und voreinander aus einer unklaren Mischung von Scham, Verletztheit und dem Gefühl, einer Gefahr entronnen zu sein, von der sie bisher nichts gewusst hatten. Die Angst wird ihnen geblieben sein.

Fräulein Glocke nützte die Szene wenig. Viel später, als Marianne kurz vor dem Abitur stand und Fräulein Glocke längst pensioniert war, stellte sich bei manchen Schülerinnen ein Gefühl von Reue ein. Wenn die einstigen Peiniger dem hageren Fräulein begegneten, das in weiten, grauen Herrenhosen und staksigen, etwas zu großen Schritten durch die Einkaufsstraße schritt, winkte diese freundlich lächelnd und grüßte gerade diejenigen noch mit Namen, von denen sie am meisten gequält worden war.

Ein anderer Streich, der in Mariannes Klasse der Mathematiklehrerin Frau Bolles gespielt wurde, wirkte rascher auf die Gemüter der Mädchen. Ungewöhnlich war an dieser Lehrerin, dass sie sich mit Frau und nicht mit Fräulein anreden ließ, und das, obwohl man munkelte, auch sie sei nie verheiratet gewesen. Rein äußerlich unterschied die Mathematiklehrerin sich mit ihrer grauen, ernsten Aufmachung kaum von den meisten ihrer Kolleginnen. Sie galt als streng und unnahbar, was durch ihre steife, gerade Haltung unterstützt wurde, die von einem Rückenleiden herrührte. Den Kindern aber war ihr Gang Anlass zu ständigem Spott, sie steckten sich den Zeigestock hinten in die Pullover und staksten steif daher, aber stets nur so lange, bis die Gestrenge um die Ecke bog. Ihr Unterricht war gefürchtet. Sie erklärte gut, ging aber schnell im Stoff voran und verteilte mit erbarmungsloser Gelassenheit Fünfer oder gar Sechser, wenn die Schülerinnen nicht in der Lage waren, die Aufgaben des Vortages an der Tafel zu lösen. Bei guter Leistung gab es genauso unpathetisch Einser oder Zweier. Worte des Lobes oder Tadels verteilte sie nie, und Wut schien sie nicht zu kennen.

Marianne entwickelte für diese Lehrerin vom ersten Tag an Sympathie, nicht zuletzt, weil Mathematik ihr Spaß machte und leichter als andere Fächer fiel. Frau Bolles hatte ein normalerweise völlig unbewegtes Gesicht mit einer rötlich spröden Haut, als käme sie gerade von einem Spaziergang am windigen Elbufer. Wenn sie zufrieden mit einer Leistung war, huschte ein kleines Lächeln um ihren Mund, das sich in ihren rundlichen, braunen Augen spiegelte und, wohl gerade im Kontrast zu ihrer Strenge, Marianne beglückend warm und wohlwollend vorkam. Einmal stellte sie die Hausaufgabe, mit dem Zirkel, ohne Zuhilfenahme eines Lineals, eine Strecke in drei gleiche Teile zu teilen, und versprach der Schülerin, der das gelingen sollte, für die nächste Mathematikstunde eine Tafel Schokolade. An jenem Nachmittag machten alle Mädchen eifrig ihre Aufgabe, denn in den Fünfzigerjahren war eine ganze Tafel Schokolade noch ein seltenes Vergnügen von ungewohntem Luxus. Als sich am folgenden Tag herausstellte, dass keines der Kinder zum Ziel gekommen war, hatte sie wieder das kleine Lächeln um den schmalen Mund, zog eine gigantische Tafel Schokolade aus ihrer Aktentasche, wie es sie damals nur in der Schweiz gab, und sagte: Wer es von euch geschafft hätte, der hätte den Nobelpreis bekommen und keine Schokolade. Bis heute ist es noch niemandem gelungen. Die große Schokoladentafel machte die Runde, war im Nu verputzt und die Neugier auf den trockenen Stoff geweckt.

Der Respekt, den Frau Bolles bei der Klasse genoss, muss eines der Mädchen, das sich vermutlich schwer mit Mathematik tat, zu einer besonders tiefen Abneigung provoziert haben. Eines Tages setzte sich Frau Bolles, wie üblich zu Unterrichtsbeginn, hinter das Pult, um gleich darauf wieder hochzufahren. Sie stöhnte einmal schmerzhaft auf, offenbar, weil sie sich durch die ungewöhnlich heftige Bewegung in ihrem Rücken verletzt hatte, nahm den tropfnassen Tafelschwamm, der auf dem Stuhl gelegen hatte und legte ihn mit unbewegter Miene vor sich auf den Tisch. Ohne Kommentar begann sie im Stehen den Unterricht. Die ganze Klasse war erschrocken und betroffen, keiner lachte, nicht einmal am Ende der

Stunde, als Frau Bolles mit noch steiferem Gang als sonst die Klasse verließ und von hinten den unwürdigen Anblick ihres nassen Rockes darbot.

Nachdem sich eine Woche danach die gleiche Szene zu wiederholen drohte, und nur deswegen einen anderen Ausgang nahm, weil der misstrauische Blick der Lehrerin das Corpus delicti rechtzeitig entdeckte hatte, begann in der Klasse zum Schutz von Frau Bolles eine Art Selbstkontrolle. Wer die Übeltäterin gewesen war, kam nie heraus.

Mitten im Schuljahr war die Englischlehrerin erkrankt, und nachdem der Unterricht für Wochen ausgefallen war, wurde der Klasse eines Tages mitgeteilt, ab nächster Woche würde ein Herr King den Unterricht übernehmen. Ein Lehrer! Ein Mann! In der ganzen Schule gab es bis zu diesem Moment kein einziges männliches Wesen außer dem Hausmeister. Die Hysterie, die ausbrach, schon bevor Herr King überhaupt die Schule betreten hatte, war weit von allen emanzipatorischen Erkenntnissen entfernt. In allen betroffenen Klassen war von nichts anderem die Rede. Einige wollten bereits wissen, dass er genau wie Clark Gable aussah, andere behaupteten er ähnele Yul Brynner, hätte zumindest keine Haare. Die meisten sprachen bereits von Kingy, und auf den Schulbänken mehrten sich beherzte Inschriften mit I love you Kingy.

Der junge Mann von Anfang dreißig, der schließlich vor Mariannes Klasse stand, war weit davon entfernt, ein Adonis zu sein, dennoch wurde der Enthusiasmus der jungen Damen nicht geringer. Im Gegenteil, es entstand Fan-Stimmung, die Elvis Presley hätte mit Neid erfüllen können. Kingy war nicht besonders groß und hatte etwas O-Beine, die aber wegen seiner schmalen Hüften nicht verhinderten, dass die Allgemeinheit ihn sehr sexy fand. Kahl wie Yul Brynner war er leider nicht, sondern hatte volle, relativ lange, glatte, braune Haare. Das Aufregendste aber war sein schmaler ein wenig zu breiter Mund, der mit einer sehr feminin geschwungenen Oberlippe ständig zu lächeln schien. Die große Nase, schmal und gebogen, gab seinem Gesicht etwas Bedeutendes, das in einem charmanten Kontrast stand zu seinen hübschen, großen Augen und seinem frechen Blick. Den Schülerinnen gefiel er jedenfalls über die Maßen gut.

In der Schule entstanden heftige Konkurrenzkämpfe. Die Mädchen der oberen Klasse, mutiger und eindeutiger in ihrer Bewunderung, holten ihn von der S-Bahn ab und begleiteten ihn unter kicherndem Geplauder den restlichen Fußweg in die Schule. Wie es sich regelte, oder was für Absprachen es gab, dass sie nicht gleich zu zehnt am Schalter des Bahnhofs warteten, war unklar. Wie gerne hätte Marianne zu diesen Auserwählten gehört.

Die Mädchen ihrer Klasse hatten es bisher nur geschafft, den umschwärmten Pädagogen nach dem Unterricht ins Lehrerzimmer zurückzubegleiten. Nach Streitereien, die mit Kratzen und Haare-Ziehen geendet hatten, war man auf den Einfall gekommen, eine alphabetische Reihenfolge einzuführen. Marianne hieß Schwarz mit Nachnamen, so weit hinten im Alphabet kam sie nie in den Genuss dieser Ehre. Dafür wurde ihr ein anderes Glück zuteil. Als Herr King die Mädchen bat, auf den Bänken Papierschildchen mit ihren Namen aufzustellen, schrieb

Marianne in einem Anflug von Übermut ‚Blacky' auf das Schild. Kingy, der Wunderbare, ging auf den Scherz ein und übernahm zum grenzenlosen Neid der anderen den Namen, und nannte sie nur noch Blacky. Das Glück dauerte nicht sehr lange.

Der junge Lehrer, der zu Beginn seinen Spaß an den verliebten Blicken der Mädchen hatte, fand zunehmend die hysterischen Ausfälle seinetwegen lästig, die vielen Liebesbriefchen, die er in Schulheften, Büchern, seiner Aktentasche und in seinem Mantel fand, auf die Dauer peinlich. Das Schlimmste aber war der Hass, der ihm von den jüngferlichen Kolleginnen im Lehrerzimmer entgegen schlug, die, nachdem auch sie zu Beginn in alberner Weise um den hübschen Hahn im Korb herumgeturtelt waren, merkten, dass der junge Mann, wenn überhaupt, eher den schlanken Fräuleins in der Oberstufe einen neugierigen Blick gönnte, als den blaustrümpfigen Lehrerinnen. Nach wenigen Monaten war die Situation unerträglich. Mitten im Schuljahr, so plötzlich wie er gekommen war, verschwand er wieder. In der Schule war Trauer, es fehlte nicht viel, und man hätte Halbmast geflaggt.

Marianne weinte abends heimlich im Bett. Aber pfiffig wie sie war, fand sie bald heraus, dass der Göttliche eine Stelle im Institut Français angenommen hatte. Mit großer Überredungskunst gelang es ihr, die Mutter zu gewinnen, ihr einen Französischkurs zu bezahlen. Mariannes schulische Leistungen waren dürftig, und die Bedenken, eine zusätzliche Sprache neben der Schule erfolgreich zu lernen, verständlich. Im Laufe des halben Jahres, in dem das kleine Mädchen sich also vergeblich bemühte, den

Anforderungen des Kurses gerecht zu werden, legte sich die Schwärmerei. Mag es daran gelegen haben, dass Marianne keine große Lust hatte, die unregelmäßigen Verben zu lernen, oder daran, dass sie von einer hübschen jungen Ehefrau und zwei kleinen Kindern erfuhr. Herr King gewann eine durchaus normale Gestalt in Blackys Augen, und die männlichen Schüler aus dem benachbarten humanistischen Gymnasium für Jungen wurden interessanter.

Sie wurden schließlich so interessant, dass Marianne wegen ihrer ohnehin schwachen Leistungen eine Ehrenrunde, wie man sich euphemistisch ausdrückte, nicht erspart blieb. Die Unkonzentriertheit, die anhaltende Albernheit, mit der sie sich im Unterricht wichtig tat, hatte noch zugenommen, als das durch die dramatisch vollzogene Trennung der Eltern restlos überforderte Kind zu Haus als eine Art Pingpong-Ball den elterlichen Konflikt lösen sollte. Sie blieb also sitzen und tatsächlich bewirkte die Wiederholung der Klasse eine Normalisierung des Verhaltens. Marianne gehörte jetzt zu den Älteren der Klasse, ihre Leistungen waren wie von selbst durch die Wiederholung besser, sie gewann an Selbstbewusstsein und wurde, wie ihre neue Klassenlehrerin sagte, ‚normal'.

Ihr Umbruch kam zu genau der Zeit, als sich auch in der Schule unverhofft ein kaum wahrnehmbarer Wandel vollzog. Zunächst war da endlich wieder ein männlicher Lehrer. Er hieß Herr Altmeister, gab Latein und war schwerhörig – für die Schülerinnen höchst beglückend, konnte man doch so bei Lateinarbeiten flüsternd Hilfe von der Nachbarin erfragen. Liebesdramen löste er ganz offensichtlich keine aus. Er war der ordentliche, unauffällige Typ des älteren Herrn, bereits grauhaarig, einiges über fünfzig, freundlich und gelassen. Geprägt durch die Werte des Bildungsbürgertums, gab er seinen Lateinunterricht mit innerer Überzeugung, quälte die Schülerinnen zwar mit Caesar und Cicero, ließ sich aber immer wieder Zeit und Muße, sie mit der antiken Mythologie oder auch Gedichten von Ovid und Catull vertraut zu machen. Sein Auftreten hatte ganz und gar nichts von dem spektakulären Charme eines Herrn King, er provozierte niemanden und löste so weder Liebeswogen noch exzessiven Neid aus. Tatsächlich gelang es ihm auf diese Weise, bis zur Pensionierung als einziger Mann an der Schule zu bleiben. Es gab nur eine kritische Situation, die ihn wohl zu Fall gebracht hätte, wäre die neue Direktorin, Frau Dr. Stahlhart, dahinter gekommen.

Frau Dr. Stahlhart – sie legte Wert darauf, mit Titel angeredet zu werden – setzte in etwas abgemilderter Form das eiserne Regiment ihrer geschassten Vorgängerin fort. Klein und korpulent, gehörte sie zu den Frauen, die eine nahezu quadratische Erscheinung boten, sah sie doch von vorn und von der Seite gleich breit aus. Die strengen, graublauen Kostüme, die sie trug, verbargen mit Mühe ihren massigen Busen, von dem die Jacke senkrecht nach unten fiel und ohne Taille überging in gerade, formlose Röcke. Ergraut, mit männlichem Kurzhaarschnitt in natürlicher Schönheit, wie sie sie gerne den Schülerinnen nahe legte, mied sie jede Art von Schmuck außer einer großen Herrenarmbanduhr. Trotz ihrer wogenden Brust entbehrte sie jeder weiblichen Ausstrahlung. Natürlich waren an ihrer Schule Schminke und Nagellack verboten, ebenso gefärbte Haare und hochhackige Schuhe.

Wer es wagte, sich von einem Freund von der Schule abholen zu lassen oder ‚knutschend' auf dem Parkweg zwischen Schule und S-Bahnstation gesehen worden war, musste mit einem Brief an die Eltern, wenn nicht gar mit Schulverweis rechnen. Doch die Zeiten sollten sich ändern.

Kurz nach Herrn Altmeister kam eine neue Zeichenlehrerin an die Schule, so rothaarig, dass man beim besten Willen nicht von einer echten Haarfarbe ausgehen konnte, und diese Lehrerin, schon weit über vierzig, heiratete auch noch in den Sommerferien, um dann den aufregenden Namen Swarowski zu tragen und das Rauchen anzufangen. Unverblümt qualmte sie so sündiges Zeug wie Gauloise in den Pausen auf dem Schulhof. Zur diabolischen Freude der älteren Schülerinnen führte das zu heißen Krächen im Lehrerzimmer, deren Gezeter bis auf die Flure drang, wo die Jugend mit großen Ohren lauschte und sich freute, dass Frau Swarowski konsequent blieb. Sie behielt ihre roten Haare, und sie rauchte weiter.

Wenige Wochen nach diesen Sommerferien erschien eine neue Schülerin, die wohl schriftlich angemeldet, aber offenbar von niemandem vorher in Augenschein genommen worden war. Sie hieß mit Vornamen ordentlich Inge, wie das in Hamburg normal und üblich ist, aber der Nachname war französisch: Chanelle. Als sie das erste Mal in Mariannes Klasse kam, blieb den Mitschülerinnen die Spucke weg. Inge hatte schneeweiße, mit Wasserstoffsuperoxid gebleichte Haare, die sie hoch toupiert trug, wie das vielleicht den Abiturientinnen manchmal nachgesehen wurde, wenn sie es in der Freizeit oder in der Tanzstunde machten. Sie hatte lange, rot lackierte Fingernägel, kohlschwarz gefärbte Wimpern, dicke, lange, schwarze Lidstriche über den Augen und ein passend zu den Nägeln kirschrot bemaltes Mündchen.

Ihr Anblick war den staunenden Klassenkameradinnen gerade bis zur Pause vergönnt, dann wurde sie bereits ins Zimmer der Direktorin zitiert. Hier wurde der im Übrigen sehr kleinen, zierlichen neuen Schülerin eine kurze Strafpredigt gehalten, die zum Ziel hatte, dass sie sich gefälligst sofort – das hieße vom kommenden Tag an – den Gewohnheiten der Schule entsprechend herzurichten habe.

Die Neue ließ die Suada über sich ergehen und erklärte dann lakonisch, die Haare könne man nicht ändern, die müssten allenfalls wieder herauswachsen, woraufhin sich ein längerer Disput ergab, bei dem die Direktorin aus Mangel an Erfahrung mit derartigen Werkzeugen Satans die schlechtere Position hatte. Das blonde Fräulein ging mit rotem Kopf, aber offenbar ungetrübtem Selbstbewusstsein in die Klasse zurück.

Eigentlich, so erzählte sie im Laufe der nächsten Tage freimütig ihren Mitschülerinnen, die ihr zunächst mit einer Mischung aus Neugier und Misstrauen begegneten, sei sie in Altona im Gymnasium gewesen, wo man – vielleicht aufgrund der Nähe zum Hafen – nicht so ein Spektakel um Schminke und dergleichen machte. Aber ihre Mutter habe den Vater verlassen und sei mit ihr und ihrer Schwester umgezogen, sodass sie jetzt hier in diesem Elbvorort in die Schule müsste.

Auch das noch. Eine alleinstehende Mutter. Außer Marianne stammte die Überzahl der Schülerinnen in diesem Hamburger Nobel-Vorort aus gutbürgerlichen Häusern, in den man in gesitteten Familienverhältnissen lebte oder zumindest so tat. Inge, so merkten bald nicht nur Frau Dr. Stahlhart und ihre Mitschülerinnen, sondern nach und nach alle Lehrer, hatte Haare auf den Zähnen, ein kämpferisches Gemüt und ein zähes Durchhaltevermögen. Die Herzen ihrer Mitschülerinnen eroberte sie mit dieser Zivilcourage im Nu.

Es dauerte kein halbes Jahr, und sie wurde zur Schulsprecherin gewählt. Marianne, die sich in Inges Schlepptau mehr und mehr von dem Druck der Schule emanzipierte, wurde ihre Vertretung. Trotz verschiedenster Versuche der Schulleitung, Inge einen Schulverweis zu erteilen, blieb sie, bleichte weiterhin ihre Haare, schminkte sich und tat, was ihr passte. Ihre Mutter stand offenbar vollkommen hinter ihr und billigte das Verhalten der Tochter. So gab es, da Inges schulische Leistungen ausgesprochen gut waren, keine Handhabe gegen sie.

Herr Altmeister war der Einzige, der sich an der Kreativität der aufmüpfigen Schülerin erfreute. Ihre Übersetzungen lateinischer Lyrik waren – wie er sich auszudrücken pflegte – ‚ausgesprochen poetisch'. So erstaunte es ihn dann weniger als seine Kolleginnen, dass eines Tages das Hamburger Abendblatt in der Schule kursierte, in dem berichtet wurde, Inge Chanelle habe den Jugendpreis für deutsche Lyrik gewonnen. Tatsächlich hatte ein kleiner Verlag zwei

Gedichtbändchen von ihr publiziert, deren spröder, poetischer Reiz die Jury überzeugt haben muss. In der Zeitung war ein großes Foto der blonden Inge und, anstatt dass man ihr in der Schule gratuliert hätte oder womöglich stolz darauf gewesen wäre, so eine begabte Schülerin zu haben, wurde der Sachverhalt wie ein anrüchiges Verbrechen tot geschwiegen. Die einzige Reaktion, die es gab, war, dass Inge in ihrem Osterzeugnis in Deutsch eine Fünf bekam. Seit der Preisverleihung hatte Fräulein Grau, die Deutschlehrerin der Klasse und Busenfreundin von Frau Dr. Stahlhart – jeden Aufsatz von Inge mit dem Vermerk ‚Thema verfehlt' und der Note Fünf quittiert. Eine Fünf in Deutsch war nicht ausgleichbar und führte dazu, dass man die Klasse wiederholen musste. Ausnahmen gab es nur, wenn man in einem anderen Hauptfach eine Eins hatte. Die bekam Inge von Herrn Altmeister in Latein. Die ganze Klasse wusste, dass die Eins ebenso frisiert war wie die Fünf in Deutsch. Aber alle hielten zusammen.

Altmeister muss bei den Zeugniskonferenzen den unschuldig Ahnungslosen so erfolgreich gespielt haben, dass Inge versetzt wurde. Fräulein Grau, eine unglückliche, alte Jungfer, durch eine Kinderlähmung humpelnd, mit einem zu kleinen Kopf für ihren plumpen Körper, hörte nicht auf, das enfant terrible zu quälen. Sowie Fräulein Grau die Klasse betrat, suchten ihre stechenden, kleinen Augen das Mädchen, und die erste Bemerkung galt Inge. Viel Abwechslung gab es dabei nicht. Hast du Trauer? fragte sie jeden zweiten Tag, weil Inge sich in existenzialistischer Mode, wie auch Marianne und viele andere Mädchen der Schule, in Schwarz zu kleiden pflegte. Inge rächte sich, indem sie kleine Bildchen von hellenistischen Titus-Köpfchen auf das Pult legte, mit denen sie auf die skurrile antikisierende Ponyfrisur der Lehrerin anspielte.

Die blonde Inge, die rote Frau Swarowski, die schwarz gekleideten Mädchen, der poetische Lateinlehrer, all das machte Frau Dr. Stahlhart schwer zu schaffen. Doch es sollte noch schlimmer kommen. Die Stadt Hamburg hatte entschieden, dass die Schule in einen modernen Neubau mit Pavillons umziehen müsse, der Altbau sollte renoviert und an die Internationale Schule verkauft werden. Am Tag des Umzugs kam es zu einem neuen Skandal. Frau Dr. Stahlhart fand auf dem neuen Schreibtisch der neuen Schule ein Buch vor, das ihr endgültig die Kraft und den Elan nahm, den alten Erziehungsstil in die hellen, luftigen Gebäude hinüber zu tragen.

Das Buch hatte den Titel des Spruches, der die alte Schule zierte: ‚Wo wir uns bilden, da ist unser Vaterland'. Es handelte sich um einen ungemein witzigen, aber ausgesprochen boshaften Roman über eben dieses Mädchen-Gymnasium und alle seine Lehrerinnen mit kaum veränderten Namen, verfasst von niemand anderem als Inge Chanelle, die sich mit einem Begleitschreiben von der Schule abmeldete. Das Buch war in einem der bekanntesten großen Verlage erschienen, dessen Verlagsdirektor ein Bruder des sympathisierenden Lateinlehrers war. Das aber wusste Frau Dr. Stahlhart nicht und erfuhr es wohl auch nie.

Alf Hermann
Denn alle Kunst will Ewigkeit

Acht Essays über Bilder. 124 Seiten mit durchgehend farbigen Abbildungen, Stuttgart: opus magnum, Edition Amici; ISBN-13: 978-3939322924

„Denn alle Lust will Ewigkeit", befand Friedrich Nietzsche angesichts eines endlichen irdischen Lebens, das seine eigene Lust eher nicht hat befriedigen können. Wie Nietzsche, so sah auch sein misanthropisch gesinnter Kollege Schopenhauer den einzigen Ausweg aus den Unbilden des Daseins in der Kunst. Denn auch alle Kunst will Ewigkeit, ist zugleich voller Lust und von mehr oder weniger subtil verborgener Sinnlichkeit gesegnet.

Aus dem Inhalt: Gerade so gut auf dem Kopf - Friedrichs umkehrbarer Kreidefelsen auf Rügen; Etikettenschwindel - Malewitschs gar nicht so schwarzes Quadrat; Das jüngste Gerücht - Michelangelos ketzerisches Altarbild in der Sixtinischen Kapelle; Metamorphose eines Gottes - Blitz oder Dreizack – das ist hier die Frage; Die Milch der frommen Denkungsart - Unfrommes in Vermeers Ecke hinten links; Wer da in Arkadien? - Poussins fragwürdiges Et in Arcadia ego; Wenn Spinnen lächeln - Redons traumhafte Naturbilder; 75 Jahre Picassos Guernica - Ein brandaktuelles Altarbild gegen den Krieg.

Helmut Landwehr
romanzero.disparates
Über Heines Romanzero. Zwei Theaterstücke

172 Seiten mit farbigen Abbildungen; Stuttgart: opus magnum, Edition Amici; ISBN-13: 978-3939322931

Um „Disparates“ handelt es sich im ganzen „Romanzero“: Nichtzusammenpassendes, also beispielsweise Anachronistisches, Ungereimtes im übertragenen Sinn, Rätselhaftes, auch Verschwiegenes, das nur dadurch vorkommt, dass es nicht erwähnt wird, Geheimnisvolles, das kaum oder gar nicht zu erschließen ist.

„Disparates“ ist aber auch der Titel eines Radierzyklus des spanischen Malers Francisco Goya, der wie Fledermäuse durch die Luft fliegende Menschen zeichnet und andere surreale Gestalten wie z. B. ein tanzendes Ungeheuer – manchen erscheinen sie wie prophetische Kennzeichnungen ungeheuerlicher Vorgänge einer fernen Zukunft, gerade darin mit Heines Romanzenzyklus vergleichbar.